Dr. Otto Julius Hartmann FAUST

Der moderne Mensch in der Begegnung mit dem Bösen

Die Sehnsucht des faustischen Menschen

Die Entwicklung des Ich
(symbolisiert durch die aufgerichtete Schlange *links*)
die Gewinnung des Ewigen Lebens (Lebensbaum *Mitte*)
die Begegnung mit der Gottheit (rechts)

(Bild auf einem altbabylonischen Siegelzylinder)

INHALT

Vorwort
    Wo stehen wir? 7

Erstes Kapitel
    Faust, die Tragödie unserer Zeit 9

Zweites Kapitel
    Faustens Verzweiflung und Rettung / Existentialismus und
    Christentum 18

Drittes Kapitel
    Das Mysterium von Tod und Auferstehung 27

Viertes Kapitel
    Der Mensch und das Böse / Mephistopheles – Luzifer 34

Fünftes Kapitel
    Der Mensch und das Böse / Mephistopheles – Ahriman 45

Sechstes Kapitel
    In der Hexenküche / Hintergründe der Erotik 55

Siebentes Kapitel
    Das Männliche und das Weibliche 66

Achtes Kapitel
    Walpurgisnacht und Gang zu den Müttern / Seelenverstrickungen
    und Zauberwesen 77

Neuntes Kapitel
    Faustes Tod und Übertritt in den Kosmos / Tragik und
    Reinkarnation 87

Zehntes Kapitel
    Krise und Zukunft des „Faustischen Menschen" 98

VORWORT

Wo stehen wir?

Wie die Grundlagen einer gesicherten bürgerlichen Lebensordnung und einer unbestreitbaren Vormachtstellung Europas im Laufe unseres Jahrhunderts unaufhaltsam dahinschwinden: davon sind wir Zeugen geworden. Mehr als zu anderen Zeiten hat sich in der unsrigen ein Umbruch vollzogen, der von moderner Physik und Astronomie bis zu Staatsführung und sozialwirtschaftlichen Problemen reicht. Die Auflösung der alten, kolonialen Imperialismen bildet nur einen Teil dieser Symptome. Andere, nicht minder wichtige Symptome erscheinen auf den Gebieten der Kunst, der Psychologie (Tiefenpsychologie) und des Okkultismus, der Wissenschaft von Übersinnlichen. Denn das hier Erforschte ergänzt sich aufs beste mit den Ergebnissen der moderenen Biologie und Medizin. Auch auf diesen Gebieten erfordern die Tatsachen gebieterisch die Anerkennung übermaterieller, also im weitesten Sinne okkulter Kräfte. Die Zentralfrage der modernen Wissenschaft: Was ist eigentlich der „Mensch"? läßt sich eben nur unter weitestgehender Berücksichtigung des „realen Geistigen" beantworten. Solche Antworten haben jedoch heute in der Sprache nüchternster Wissenschaftlichkeit, ferne allem Mystizismus und Irrationalismus zu geschehen, denn die Bereiche des Okkult-Übersinnlichen sind nicht weniger vernünftig geordnet als die Bereiche des Physisch-Sinnlichen.
Aufsteigend von den Grundtatsachen der Biologie und Medizin, gelangt man hierbei in lückenloser Weise bis zu den scheinbar „abwegigsten" und „irrationalsten" Manifestationen medialer und spiritistischer Phänomene (vgl. O. J. Hartmann: Die Geisterwelt ist nicht verschlossen, Novalis-Verlag 1975).
Dadurch ergeben sich auch für eine der ehrwürdigsten und zugleich modernsten Dichtungen, Goethes „Faust", ganz neue Perspektiven. Das 19. Jahrhundert lieferte umfangreiche philologisch-literarische

Faustkommentare. Im August 1914 zog beste mitteleuropäische Jugend ins Feld mit dem „Faust" im Tornister. Aber weder die Gelehrsamkeit jener Kommentare, noch die Begeisterung dieser Jugend konnten in den tieferen Gehalt des „Faust" eindringen. Sie mußten an ihm vorübergehen. Denn nur äußerlich gesehen ist der „Faust" phantasievolle Dichtung. In Wahrheit jedoch ist er eine tiefversiegelte esoterische Geheimschrift, die den Schlüssel zu wichtigsten Problemen der gegenwärtigen und zukünftigen Menschheit enthält.

Inwieweit dies Goethe selbst voll bewußt war, bleibe dahingestellt. Goethe war Dichter, nicht Okkultist, das heißt: Er vermochte nicht, nach Art des echten Eingeweihten, von sich aus vollbewußt mit seinem „Ich" die Schwellen zu höheren Welten zu überschreiten. Es war ihm lediglich möglich, im Gewande der Dichtung aus jenen Reichen mehr oder weniger exakte Bilder („Inspirationen") zu empfangen. Verstandesmäßig verhielt er sich allem „Okkulten" gegenüber ängstlich-zurückhaltend. Er gehörte eben doch einem durchaus „bürgerlichen" Zeitalter an. Heute wird von uns mehr Entscheidungsmut gefordert: Als bloße Dichtung, und sei sie noch so schön, kann uns der „Faust" nicht mehr das Letzte bedeuten. Denn wir fragen, hart und nüchtern, nach der „Wirklichkeit", nach dem, was „ist". „Gibt" es die im „Faust" auftretenden geheimnisvollen Gestalten (zum Beispiel Mephisto, Hexen, Lemuren, Zauberwesen) nicht *wirklich, so wirklich, ja noch wirklicher* als den Tisch in unserem Zimmer, so kann dieser „Faust" uns in einem harten, technisch-naturwissenschaftlichen Zeitalter nichts helfen. „Gibt" es jedoch diese gehimnisvollen Wesen, – dann eröffnen sich ungeheure Ausblicke zur Lösung unserer Zentralfrage: *Wer bist Du, – Mensch? Blick dir selbst ins Auge und wage es, in deine eigenen Tiefen hinabzusteigen!* (vgl. O. J. Hartmann: Wer bin ich? Novalis-Verlag 1974).

ERSTES KAPITEL

Faust, die Tragödie unserer Zeit

Goethes Faust ist nur eine, wenn auch die weitaus bedeutendste der Gestaltungen des Faustproblems, die im Jahrhundert zwischen 1750 und 1850 zutage getreten sind. Viele schöpferische Menschen jener Epoche, darunter Lessing, Klinger, Chamisso, Grabble, Lenau Byron, wurden von der Faustgestalt geheimnisvoll angezogen und versuchten, sie dichterisch zu fassen. Goethe selbst begegnete ihr schon 1770 während seiner Studienzeit in Straßburg. Bereits 1775 lag sein „Urfaust" vor, der, lange verschollen, erst 1887 durch Erich Schmidt aufgefunden wurde. Dann ruhte die Arbeit viele Jahre, um endlich, immer wieder unterbrochen und beiseite gelegt, wenige Monate vor Goethes Tod ihren Abschluß zu finden. (1831)
Goethe wurde von der Faustgestalt regelrecht „überfallen" und in Besitz genommen. Immer wieder hat er sich gegen sie gewehrt und seine Dichtung unvollendet beiseite zu schieben versucht. Er vermochte es nicht, sie ließ ihm keine Ruhe, bis er sie endlich, kurz vor seinem Tode, ganz geboren hatte. Absichtlich gebrauchen wir hier dieses Wort. Denn die großen, für eine ganze Geschichtsepoche repräsentativen Werke der Dichtung (also zum Beispiel auch Dantes „Divina Commedia" oder Shakespeares „Königsdramen") entstammen ja keineswegs subjektiver dichterischer Willkür! Ihnen liegen vielmehr Kräfte, Gestalten und Wesenheiten höherer, geistiger Welten zugrunde, die nach irdischer Verkörperung trachten und sich zu diesem Zweck einen hierzu geeigneten Menschen suchen. Haben sie ihn gefunden, so tritt etwas ein, was man „Befruchtung" und „Empfängnis" nennen kann. Hernach webt das Empfangene in der Seele des Dichters wie eine Frucht im Mutterleibe. Der Dichter geht mit den Gestalten und Wesenheiten seiner Dichtung schwanger. Alle Schmerzen und Krisen einer Schwangerschaft macht er, bis hinab ins Physisch-Leibliche, durch. Nach der schließlichen Geburt atmet er erleichtert auf.

So erging es Goethe: Als er den zweiten Teil seines Faust vollendet und eingesiegelt hatte (denn dieser Teil sollte erst nach seinem Tode gedruckt werden), durchdrang ihn das Gefühl: Nun ist vollendet, weswegen ich lebte und ein so hohes Alter erreichte, die weiteren Monate oder Jahre, die mir vielleicht noch zu leben vergönnt sind, sind zusätzliches Gnadengeschenk! – Und so kann man sagen: Weil Goethe Goethe war, wurde er von der Vorsehung gewürdigt, den „Faust" zu empfangen und zu gebären. Aber Goethe wurde auch erst der, der er schließlich war und was er uns heute bedeutet, weil er die Faustgestalt als Repräsentanten der modernen Menschheit in seiner Seele empfing und unter unermeßlichen Mühen und Schmerzen gebar.

Der historische Dr. Faust lebte zu Anfang des 16. Jahrhunderts, also im Zeitalter der Entdeckung Amerikas, der italienischen Renaissance und der deutschen Reformation. In dieser Zeit vollzog sich die Geburt des freien, auf sich gestellten menschlichen „Ich" mit seinem Anspruch, nicht durch gläubige Hingabe, sondern aus eigener Erkenntnis die Welt zu erforschen und sie auf Grund des Erforschten willensmäßig zu beherrschen. Hier liegt der Keim zu den Großtaten moderner Naturwissenschaft, Technik und Industrie, aber auch zu den ungeheuren kulturellen, sozialen, politischen und militärischen Katastrophen, die unser Jahrhundert erschüttern. Der geschichtliche Dr. Faust war ein „Schwarzer Magier", das heißt, er bediente sich dunkler Geistwesenheiten zu Erreichung höchst egoistischer Zwecke. Dafür wurde ihm von diesen Wesenheiten dann auch schließlich das Genick gebrochen.

Wie ist es nun zu erklären, daß Goethe von dieser Faustgestalt so stark beeindruckt war, daß diese sich ihm zum Repräsentanten der modernen Menschheit verdichtete, und schließlich Oswald Spengler die gesamte abendländische Kultur „faustisch" nennen durfte? Inwiefern konnte eine höchst zweifelhafte, der dunklen Magie ergebene geschichtliche Persönlichkeit hierzu ihren Namen leihen? Ist das Mißverständnis, Zufall, oder verbirgt sich hier ein tieferer Sinn? In der Tat, ein sehr tiefer, und zwar im Hinblick auf folgende Zusammenhänge: In ländlichen, von der modernen Zivilisation wenig berührten Gegenden Mitteleuropas fand man noch bis vor kurzem Bauern, die dem intellektuell überklugen, aufgeklärten und technisch versierten Städter mit tiefem Mißtrauen begegneten. Sie vermißten das schlichte, gläubige, mit den irdischen und kosmischen Rhythmen verbundene Seelentum und empfanden die moderne Bewußtseinshaltung als Wirkung des Teufels. Der österreichische Dichter Peter Rosegger schildert aus seiner Jugend ein aufschlußreiches Ereignis: Die erste Eisenbahn dringt in abgelegene Bergtäler vor, der Semmeringtunnel ist erbaut, die Bauern sehen einen vollbesetzten, rauchenden und stampfenden Zug im schwarzen Loch des Berges verschwinden. Das Urteil steht fest: Die hat der Teufel! Das unverbildete Bewußtsein solcher Menschen erlebt nicht zu Unrecht, daß der moderne, Naturwissenschaft und Technik ausübende Mensch mit sehr zweideutigen, dämonischen Kräften sich verband, daß er tatsächlich im Irdisch-Materiellen eine sehr selbstsüchtige Magie treibt und diese ihm schließlich das Genick brechen kann.

In der Tat: der moderne Mensch ist ungläubig, skeptisch, pietätlos und unfromm. Er vertraut einzig der Gedankenfreiheit und Willensmacht seines „Ich". Der Führung durch eine höhere, göttlich-geistige Welt dünkt er sich entwachsen. Vom Kosmos hat er sich abgekehrt. Allein auf der Erde und inmitten der Stoffeswelt will er sich, aus eigener Kraft und Einsicht, sein Leben zimmern. Dadurch aber kommt er wesentlich in die Berührung mit dem Bösen, ja ist er genötigt, das Böse tief in sich aufzunehmen. Denn der Freiheitsstolz und die rücksichtslose Verstandesschärfe des neuzeitlichen Menschen sind selbst dem Bösen verwandt, ja erwachsen bis zu einem gewissen Grade aus dem Mysterium des Bösen.

So ist es tief bedeutsam, daß die historische Gestalt eines „Schwarzen Magiers", vor der der gläubige, mittelalterliche Mensch als vor einem Negativen, weil Gottwidrigen, zurückschauderte, für Goethe der Anlaß wurde, seinen Faust zu dichten, und daß weiterhin in dieser Faustgestalt der Mensch der Neuzeit sich wie in einem Spiegelbild erleben kann. Das setzt freilich voraus, daß über das „Böse" anders und tiefgründiger gedacht werde, als es im Mittelalter möglich war. Dem mittelalterlichen Menschen war das Böse (Teufel) ein schlechthin Negatives und absolut zu Meidendes. Dantes „Divina Commedia" läßt uns zwar die verschiedenen Reiche des Bösen (Fegefeuer, Hölle) in größter Deutlichkeit schauen, aber nur, um desto stärker zu empfinden: Wir sollen uns mit diesen Reichen nicht einlassen, wir sollen Kinder Gottes sein und die Reiche des Widersachers fern von uns stoßen! Im „Sündenfall des Paradieses" erblickte daher auch der mittelalterliche Mensch eindeutig ein Negativum, und er würde es für freventlich, also selbst teuflisch, empfunden haben, nach der positiven Bedeutung dieses „Falls" für den Menschen zu fragen.

Das aber tut Goethe, und wir haben die tiefe Berechtigung dieses Standpunktwechsels durch das Lebenswerk Rudolf Steiners ausführlich begründet erhalten. Goethe ist in gewissem Sinne „Manichäer", so wie Mani selbst ein Nachkomme der alten Perser (Iranier) und ein Geistesschüler des großen Zarathustra war. Zarathustra lehrte den Weltenkampf des Guten mit dem Bösen, des Lichtes mit der Finsternis, die ihren Quellpunkt einerseits in Ahura-Mazdao (Ormuzd), andererseits in Angra-Mayniusch (Ahriman) haben. Beide sind ewige Urmächte der Welt. Der Mensch muß sich für eine der beiden Mächte entscheiden und ihr im Kampfe beistehen. Dieser Kampf ist für den alten Perser ein kosmischer Kampf, *außerhalb* des Menschen, in Natur und Weltall. Für Goethe und den modernen Menschen verlagert er sich ins *Innere:* Die menschliche Seele wird nun zum Schauplatz, auf welchem Licht und Finsternis miteinander ringen. Der Mensch ist genötigt, das Böse bis zu einem gewissen Grade in sich aufzunehmen, um seine Macht zu erfahren und im Kampfe dagegen erst zur vollen Kraft seines Ich-bin und seiner Zugehörigkeit zur lichten Seite zu erwachen. Die Begegnung mit dem Bösen, ja das Eintreten des Bösen in sein Inneres kann dem modernen Menschen nicht erspart werden, weil letztlich das bewußte und freie Gute nur aus der Besiegung des Bösen erwachsen kann, ähnlich wie die bewußte und freie Wahrheit nur aus der Überwindung des Irrtums gewonnen wird. Im Reiche des Geistes sind die kürzesten Wege – die Umwege. In diesem Sinne bekundet auch das Evangelium ein größeres Interesse an den „Sündern" als an den fehlerfreien „Gerechten".

Kindern ist es gemäß, im Hinblick auf die autoritative Führung Erwachsener, das Böse schlechthin zu meiden und vor dem Teufel Angst zu empfinden. Eine solche kindliche Haltung im Hinblick auf die priesterliche Führung der „Kirche" nahm daher auch der mittelalterliche Mensch ein. Durchaus mit Recht! Daher kämpfte das offizielle Christentum der katholischen Kirche erbittert gegen alle „manichäische Ketzerei" und war der Vorwurf des „Manichäismus" lebensgefährlich. Sollte doch der mittelalterliche Mensch möglichst lange vor der inneren Berührung mit dem Bösen (also vor dem kalten Intellekt und vor dem stolzen, freien Ichbewußtsein, kurz: vor dem Anbruch der modernen Bewußtseinssituation) bewahrt und auf dem Stand pietätvoller Gläubigkeit und autoritativen Gehorsams gehalten werden.

Goethes Faust ist nun ein manichäisches Drama. Es erwächst aus einer Bewußtseinshaltung, die dem mittelalterlichen Menschen als Inbegriff gottlosen Frevels erscheinen müßte. In gewissen Kreisen ist man auch heute noch der Ansicht, daß die Katastrophen des 20. Jahrhunderts eine Strafe für den „Faustischen Menschen" seien, daß das „Faustische Zeitalter" sich selbst ad absurdum geführt habe und heute bereits abgelaufen sei und daß ein „Neues Mittelalter", mit der Herrschaft der Kirche, oder eine „Diktatur des Proletariates" unter Führung neomarxistischer Parteifunktionäre die einzige Rettung des Abendlandes darstelle. Die Freiheit des „Ich" sei Mißverständnis und Hybris und der Mensch zu autoritativer Gläubigkeit und zu demütigem Gehorsam geboren. Versuche er daraus auszubrechen, so verfalle er nur den Mächten des Irrtums und des Bösen, ohne sie überwinden zu können. Eine „Fruchtbarkeit" des Bösen und des Irrtums als notwendige Umwege zur Entwicklung wahrer Freiheit und Persönlichkeit sei Illusion.

Goethe denkt anders. Gott-Vater selbst denkt (in Goethes Faust) anders, und dieses Denken ist der Anwalt einer neuen, mutigen Zeit, einer Zeit des Wagnisses im „Ich-bin". Am Beginn des Faust sind wir Zeugen eines Weltgespräches über den Sinn der Erde und des Menschseins. Mephisto, als echter Widersacher, bezweifelt diesen Sinn, er belächelt das Erdengetriebe und hat sogar Mitleid (ein wahrhaft teuflisches Mitleid!) mit den „armen Menschen", besonders mit Faust. Er möchte ihn beherrschen und von der Lichtwelt abziehen und ist erstaunt, daß – Gott-Vater gar nichts dagegen hat. In wahrhaft göttlicher Gelassenheit überläßt Gott-Vater die Erdenmenschheit den Versuchungen des Bösen. Er zürnt nicht über die Ungehorsamen, noch ersinnt er Strafen für die Irrtümer und Fehltritte. Zwar weiß er, daß Irrtümer und Fehltritte für den Menschen unausbleibliche karmische Folgen in Gestalt von Leiden, Krankheiten, Schicksalsschlägen nach sich ziehen, aber er weiß auch, daß gerade daran des Menschen Wesenheit erwachen und erstarken kann. Daher ist er weder vom Zorn der Enttäuschung, noch vom Mitleid des Sentimentalität erfüllt, sondern er begreift die Weltennotwendigkeit eines solchen Geschehens. Denn er liebt den Menschen wahrhaft, deshalb gönnt er ihm die Freiheit seines Ich-bin und sieht gelassen auf das, was nun einmal zu den „Pubertätskrisen" der Entwicklung dieses freien Ich-bin unausweichlich gehört. Als großer Weltenpädagoge *vertraut* Gott-Vater (ein Vorbild für alle Eltern und Erzieher!) dem Menschen und gibt ihm dadurch *die* große Chance, durch alle Fehltritte und Irrtümer sich schließlich doch siegreich hindurchzuarbeiten. Denn: Vertrauen fördert und beflügelt, Mißtrauen (wie es Mephisto übt) lähmt und schwächt.

Aus diesem unerschütterlichen, pädagogischen Vertrauen entgegnet Gott-Vater den zweiflerisch-spöttischen Einwendungen Mephistos hinsichtlich Faustens:

> *Wenn er mir jetzt auch nur verworren dient,*
> *So werd ich ihn bald in die Klarheit führen.*
> *Weiß doch der Gärtner, wenn das Bäumchen grünt,*
> *Daß Blüt und Frucht die künftigen Jahre zieren.*

Und weiter, als Mephisto meint, Faust ganz für sich gewinnen zu können:

> *Nun gut, es sei dir überlassen!*
> *Zieh diesen Geist von seinem Urquell ab,*
> *Und führ ihn, kannst du ihn erfassen,*
> *Auf deinem Wege mit herab,*

> *Und steh beschämt, wenn du bekennen mußt:*
> *Ein guter Mensch in seinem dunklen Drange*
> *Ist sich des rechten Weges wohl bewußt.*

Und schließlich, als sich Mephisto auch jetzt nicht geschlagen gibt, enthüllt ihm Gott-Vater die tiefere Rolle des Bösen in der Menschheitsgeschichte:

> *Des Menschen Tätigkeit kann allzuleicht erschlaffen,*
> *Er liebt sich bald die unbedingte Ruh;*
> *Drum geb ich gern ihm den Gesellen zu,*
> *Der reizt und wirkt und muß als Teufel schaffen.*

Fürwahr: Die Menschheitsgeschichte, zumal die der neueren Zeit, ist kein bloßes Mißverständnis, und die Erdengeschichte ist nicht sinnlos. Mephistophelisch, aber nicht göttlich ist es, im Hinblick auf die Ströme von Erdenleid, auf die Orgien von Irrtümern, Fehltritten und Verbrechen, an der Mission der Erde und am Sinn der Geschichte zu verzweifeln!

So ist Goethes Faust, trotz alles Unzulänglichen und Bedrückenden, was darin geschieht, durchaus ein Drama der *Zukunfts-Hoffnung* – und in diesem Sinne wollen wir es im folgenden betrachten!

Freilich muß der „Faustische Mensch" überwunden werden, muß das überwunden werden, was seit Beginn der Neuzeit im modernen Menschen als materialistischer Intellekt, als hemmungslose Erdengier, als bindungslose, egoistische Freiheit lebt! Überwunden muß werden der Faust, der alles bezweifelt, den unübersteigliche Erkenntnisgrenzen von der kosmisch-geistigen Welt abtennt, der sich schließlich aus Verzweiflung dem bloßen Genuß übergibt, sich selbst und die Welt verflucht und sich sogar töten will! Überwunden werden muß dieser Faust – aber nicht durch eine Flucht nach rückwärts zur mittelalterlichen Kirche, sondern durch ein mutiges Hinausschreiten über das, was zunächst als Ichbewußtsein und Erkenntnisfähigkeit den modernen Menschen charakterisiert. Diesen Weg beschritt Goethe in sienen naturwissenschaftlichen und pädagogischen Schriften. Diesen Weg ging Rudolf Steiner in seiner Geisteswissenschaft. Diesen Weg geht Faust in Goethes Dichtung.

Da heißt es: „Wer immer strebend sich bemüht, den können wir erlösen ..." Durch den nie ermüdenden Willen seines Ich wächst schließlich der Mensch auch über das Irrtümliche und Böse hinaus, dem er sich zunächst verbindet, an dem er aber zu einer höheren Wahrheit erwachen kann, wenn er ihm nicht – aus Trägheit – ganz verfällt. Dadurch fällt auch Licht auf die Frage nach dem Sinn des Lebens und der Erde.

Der mittelalterliche Mensch war nicht nur „gläubig", er besaß vielmehr noch ein instinkthaft-ahnungsvolles Wissen um die tieferen, geistig-okkulten Weltzusammenhänge. Trotz aller Kämpfe und Leiden, aller Ungerechtigkeiten und Greuel der Menschheitsgeschichte zweifelte er keinen Augenblick am erhabenen Sinn und Ziel des Ganzen. Das gab ihm jene große, demütige Tragekraft, die ihn auch in furchtbarsten eigenen Schicksalen nicht verzweifeln und den Gedanken an Selbstmord weit von sich weisen ließ. Heute jedoch sind die Selbstmorde aus allgemeiner Lebensunlust und Schicksalsverzweiflung an der Tagesordnung. Vor allem feiner empfindende und edler organisierte Menschen sagen: „Wie kann Gott so viele Greuel des Unrechtes, der Vergewaltigung, des kriegsmäßigen Massenmordes zulassen? Kann es überhaupt einen Gott geben, wenn solches geschieht? – Und sie zerbrechen an der Ausweglosigkeit dieser Fragestellung."

Aber diese Fragestellung ist für sie nur ausweglos, weil sie sich in ihrem traditionellen, von bürgerlichen Vorurteilen bestimmten religiösen Erleben eine ganz falsche Vorstellung von der göttlich-geistigen Wirklichkeit machen: Es wäre einst den göttlichen Schöpfermächten (oder, wie wir sie zusammenfassend nennen, „Gott") ein Leichtes gewesen, statt freier, zu Selbstverantwortung und eigener Schicksalsgestaltung befähigter Menschen lediglich „Automaten" göttlichen Willens und göttlicher Weisheit zu schaffen, wie es zum Beispiel Bienen, Termiten und Ameisen sind. Die Staatsgebilde dieser Tiere sind nämlich viel harmonischer und sozialer als die unseren; Betrug, Vergewaltigung, Mord sind ihnen fremd. Es wäre aber auch heute noch den göttlichen Schöpfermächten ein Leichtes, von außen in unsere verfahrenen geistig-kulturellen und sozialpolitischen Verhältnisse ordnend einzugreifen und uns von neuen Katastrophen zu bewahren.

Aber die göttlichen Schöpfermächte schufen keine Automatenmenschen und greifen auch nicht von außen in unsere Schicksale ein! Sie respektieren vielmehr die von ihnen gewollte menschliche Freiheit, halten sich zurück und *warten* – lassen aber freilich auch den schicksalsnotwendigen Folgen unserer Irrtümer, Fehler und Schwächen freien Lauf –, nicht etwa um uns zu demütigen, zu strafen oder zu quälen, sondern damit wir an den katastrophalen Folgen unseres Denkens und Tuns endlich erwachen und lernen. Denn dies ist *der einzige Weg,* auf dem ein eigenständiges, freies Geistwesen Irrtum und Böses überwinden und zu Weisheit, Liebe und opferbereiter Tatkraft gelangen kann.

Es gibt freilich auch Menschen, die sagen: Freiheit eines Geschöpfes ist unmöglich, sie widerstreitet der göttlichen Allmacht und Allwissenheit! Weiß nämlich Gott, wie die Menschen handeln werden und welchen Lauf ihre Geschichte nehmen wird, so ist alles vorbestimmt, weil vorgewußt, und folglich menschliche Freiheit und Verantwortung Illusion. Wer solches sagt (und viele Philosophen und Theologen sagten es), der bedenkt nicht, daß Mysterien der *göttlichen Liebe* größer als die der göttlichen Macht und Weisheit sind und daß diese Liebe zu einem Opfer und Verzicht an Macht und Weisheit durchaus bereit ist, um nicht nur Automaten, sondern echte „Kinder", das heißt dem Göttlichen ähnliche, freie und selbstverantwortliche Geister zu schaffen.

Dieses Liebesopfer verursacht der Gottheit freilich namenloses Leid: Das Leid, zusehen zu müssen, wie diese „gottähnlichen Kinder" ihre Freiheit zu Orgien des Irrtums und des Bösen benützen und dadurch den Widersachermächten schließlich den ganzen Erdenbereich auszuliefern drohen.

Etwas so Großes und Geheimnisvolles ist es um das Mysterium der menschlichen Freiheit!

ZWEITES KAPITEL

Faustens Verzweiflung und Rettung / Existentialismus und Christentum

In gewaltigen Bildern stellt Goethes Faust vor uns hin das vielfältig verschlungene Wesen des Menschen und gibt uns eine Antwort auf die Frage nach dem Sinn des Erdenlebens. In großen Dichtungen, in denen sich ein einzelner Dichter als eine ganze Geschichtsepoche ausspricht, ist nichts zufällig. Mag es dem Dichter selbst bewußt oder unbewußt bleiben: Von den Einzelszenen bis zur Komposition des Ganzen ist alles von unmittelbarer geistig-symbolischer Bedeutung. Dies gilt im besonderen Grade vom „Faust", an welchem Goethe durch 60 Jahre, von seinem 21. bis zu seinem 82. Jahre, gebaut, gestaltet und gefeilt hat.

Goethes „Faust" schildert ein menschliches Erdenleben, aber so, daß einerseits in dieses Erdenleben Kräfte und Wesenheiten von jenseits der Schwelle herüberwirken, andererseits Faustens Erdenbewußtsein sich immer wieder so aufhellt, daß er die von Immanuel Kant umrissenen Erkenntnisgrenzen überwinden und sich in gewisse, wenn auch nicht sehr hohe Geistesgebiete erheben kann. Anfang und Ende der Fausttragödie sind jedoch eingerahmt von den Offenbarungen sehr hoher Geistgebiete. Da umleuchtet uns (gleich am Beginn) die „Klarheit des Herrn" inmitten hoher Planeten- und Erzengelwesenheiten, und da erheben wir uns (am Schluß) mit erleuchteten Verstorbenen in das strahlende Blau der Mariensphäre und der weisheitdurchleuchteten Liebe (Hagia Sophia). Da, am Anfang und am Ende, läßt Goethe selbst gar keinen Zweifel darüber, daß es geistige Welten gibt, daß das, was uns die moderne materialistische Astronomie zeigt, nur der äußerliche Anblick eines von Engel- und Erzengelwesenheiten durchwalteten Makrokosmos ist, welcher unsere Erde wie ein gewaltiger, schöpferischer Mutterleib umgibt, und daß schließlich der Mensch in dieser geisigen Welt urständet und nach Absolvierung seiner Erdenaufgaben wieder dahin zurückkehrt.

Aber das sind *göttliche Aspekte!* Das *Menschheitsdrama* „Faust" beginnt zunächst in der Gottesferne und Geistesdunkelheit. Es ist „Nacht", wenn uns der aufgehende Theatervorhang Faustens Studierzimmer zeigt. Aber diese Nacht ist mehr als eine gewöhnliche, die täglich kommt und geht und sich nur auf den sinnlich-physischen Sonnenauf- und -untergang bezieht. Hinter dieser banalen Nacht verbirgt sich die große *Nacht der Geistesverdunkelung* eines materialistischen Zeitalters, in welchem dem Menschen sein wahres Wesen, sein Woher, Wohin und Wozu verhüllt ist und er leicht zum unbewußtohnmächtigen Spielball dunkler Dämonen wird.

Die esoterische Überlieferung Indiens weiß von vier aufeinanderfolgenden Zeitaltern zu berichten, die mit dem hellen, götternahen, paradiesischen „Krita" beginnen, um über „Treta" und „Dvapara" in die Dunkelheit und Gottesferne des „Kali-Yuga" herabzusteigen. Letzteres dauert fünftausend Jahre. Es begann um 3101 v.Chr., also etwa am Anfang der babylonisch-chaldäischen und ägyptischen Kulturepoche, und hat im Jahre 1899 n.Chr. geendet. Wenn auch seither einerseits Materialismus und Geistesverdunkelung sich noch weiter verschärfen, so ist doch andererseits unstreitig heute die Möglichkeit zu neuem Geistererwachen für die Menschen, die guten Willens sind, gegeben. Das wachsende Interesse für alte Kulturen oder das bei vielen Menschen beginnende Erwachen für die Tatsache der wiederholten Erdenleben (Re-inkarnation) ist hierfür ein Beweis.

Als Goethe infolge seiner Lebensführung und der Schädigungen, die er seiner Lunge durch viele Versuche in der Radiertechnik (Ätzen von Metallplatten) zufügte, in Leipzig einen Blutsturz erlitt und hernach lange im elterlichen Haus in Frankfurt krank lag, fand er nicht nur die nötige Zeit zur Vertiefung in okkulte, rosenkreuzerische, mystische und alchimistische Schriften, sondern es vollzog sich in ihm eine tiefgreifende Wandlung: Seine ätherische Organisation hob sich aus der starken Verhaftung an den physischen Leib (wie sie der neuzeitliche, materialistische Mensch zeigt) ein wenig heraus und gab ihm fortan die Möglichkeit, Inspirationen aus hohen Welten zu empfangen. Goethe war (wenn auch nicht vollbewußt), ein Erleuchteter und Eingeweihter geworden. Das muß man wissen, will man die dem modernen Menschen zunächst phantastisch scheinenden Schilderungen, zum Beispiel in der romantischen und klassischen Walpurgisnacht, richtig würdigen. Goethe schildert hier durchaus Gestalten und Ereignisse von jenseits der Schwelle, wenn auch unter den alten Mythologien entliehenen Namen und Gewändern.

Aber auch die nächtliche Szene im Studierzimmer verrät durchaus den in okkulten Dingen Wissenden. Faust steht in der Lebensmitte (etwa 35. Jahr), also am Beginn der absteigenden Lebensbahn. Die unbewußten Geisteskräfte des Vorgeburtlichen sind verbraucht, die volle Schwere, Dunkelheit und Enge des Daseins im Erdenleib beginnt zu wirken und gibt den Blick auf die Vernichtung alles Irdischen, auf den Abgrund des Todes (die „Lemuren") frei. Um sich her sieht Faust nur Staubgeborenes, an welchem Würmer nagen, um es wieder in Staub zu verwandeln. Doch auch in sich findet Faust nur den abstrakten Intellekt, das gehirngebundene Denken, das dieser Welt aus Staub, Totengebeinen, Spinnen und Motten nur zu verwandt ist und von engen Erkenntnisgrenzen umschlossen wird.

Wagner, sein Famulus, Faustens niederer Doppelgänger, fühlt sich in dieser Welt wohl. Er empfindet gar nicht ihre Dunkelheit und Enge, weil er nur in seinem Kopfe lebt, eigentlich ganz „Kopf" ist. Faust aber ist Vollmensch, er ist nicht nur Verstand, sondern auch atmende Brust, pulsendes Herz, tatendurstige Gliedmaßen. So scheinen ihm die Stoffeswelt um ihn her sowie sein eigenes gelehrtes Denken und Wissen als „Kerker", als „dumpfes Mauerloch", die ihn ersticken und von der „Sonne" der Wahrheit und des Lebens trennen. Zwar liest er in einem alten Buche den Mysterienspruch:

> *Die Geisterwelt ist nicht verschlossen;*
> *Dein Sinn ist zu, dein Herz ist tot!*
> *Auf, bade, Schüler, unverdrossen*
> *Die irdsche Brust im Morgenrot!*

Aber wie dahingelangen, ohne die Bahnen exakter Erkenntnis und nüchterner Wachheit zu verlassen und in traumsüchtige Schwärmerei zu fallen? Der weitere Ablauf der Fausttragödie, besonders aber Goethes eigenes Forschen und Leben geben darauf Antwort.

Eine der berühmtesten Stellen in Platons Werken befindet sich im 7. Buch seines „Staates" und wird „Höhlengleichnis" genannt. Platon schildert dort das gewöhnliche Leben der Menschen. Diese leben in einer großen Höhle, fern der Sonne, in einer Dunkelheit, die nur von einem flackernden Feuer ein wenig erhellt wird. Die Menschen ermangeln der freien Bewegung, sie sind gefesselt, und zwar so, daß sie lediglich auf eine Wand der Höhle zu blicken vermögen. Hinter ihrem Rücken werden Gegenstände vorbeigetragen, deren Schattenbilder das Feuer auf die Wand wirft. Außerhalb der Höhle, hoch oben strahlt die Sonne, und in ihrem Lichte leben die wahren geistigen Urbilder (Ideen) aller Dinge. Die Menschen jedoch erblikken nur deren stoffliche Abbilder und auch diese nicht unmittelbar, sondern nur als Schattenbilder des trübe flackernden Feuers. Aber sie merken es gar nicht, denn sie halten dieses „Feuer" (gewöhnliches menschliches Bewußtsein, Wahrnehmen und Denken) für die wahre Erkenntniskraft und diese „Abbilder" (Sinnesempfindungen, Begriffe) für das Wahrhaft-Seiende.

Wenige aber merken es. Sie fühlen: „Da stimmt etwas nicht, das ist nur eine Schatten- und Scheinwelt. Wir wachen nicht wahrhaft, sondern träumen noch." Diese wenigen nun bemühen sich, frei zu werden von den Fesseln, aufzusteigen aus der Höhle und, jenseits der Erkenntnisgrenzen und außerhalb ihres Leibes, die Geisteswelten zu schauen. Platon schildert hier den Verlauf einer Mysterieneinweihung: Sie beginnt mit der starken Herzenssehnsucht, kommt in Gang auf den Wegen strenger Charakter-, Seelen- und Geistesschulung und findet ihr Ziel in der Entrückung (Ekstasis) der Seele aus dem Leibe, also im gehirn- und leibfreien Bewußtsein, für das die Erkenntnisgrenzen Kants nicht mehr gelten. – Kommt dann freilich ein solcher Mensch wieder in seinen Leib und sein gewöhnliches Bewußtsein zurück, steigt er also wiederum in die „Höhle" zu seinen Brüdern herab und verkündet ihnen das Geschaute, so halten sie ihn für berauscht oder wahnsinnig oder für einen Scharlatan.

Unter solchen Gesichtspunkten lese man noch einmal die Studierzimmer-Szene in Goethes Faust. Bis in Einzelheiten der Wahl der Worte und dichterischer Bilder ist sie eine exakte Imagination der

Schädel- und Gehirnhöhle, an die das Erleben des modernen Menschen gefesselt ist, die ihm den Ausblick auf alles Übermaterielle verwehrt und ihn gänzlich an das Reich des Staubes und Moders kettet. Goethe schildert damit zugleich das Schicksal des modernen Menschen, wie es in besonders eindrucksamer Weise vom philosophischen „Existentialismus", allen voran von Martin Heidegger, formuliert wurde.

Martin Heidegger geht nicht mehr vom absoluten (göttlichen) Ich aus wie Fichte, noch vom Denken des absoluten (göttlichen) Geistes wie Hegel, noch gewährt ihm (wie Kant) das moralische Gewissen des Menschen (die „praktische Vernunft"), eine Möglichkeit, die Erkenntnisgrenzen (der „reinen Vernunft") zu übersteigen und zu den christlichen Glaubenswahrheiten (Gott, Freiheit, Unsterblichkeit) zu gelangen. Von diesem allen kann bei einem Repräsentanten des 20. Jahrhunderts, wie es Martin Heidegger ist, nicht mehr die Rede sein. Hier steht der Mensch mit seinem Ich allein und ist in eine Welt „geworfen", aus der alle Geister und Götter gewichen sind und nur mehr Dinge herrschen. Im Hintergrund dieser Dinge aber gähnt das „Nichts", ein Nichts, das „nichtet", das heißt, das den aktiven Gegenspieler des Ich und seines Daseins bildet. An diesem seinem Widerpart, dem „nichtenden Nichts", erwacht das Ich zur wachen Kraft seiner Existenz, steht aber zugleich in Gefahr, von Angst ergriffen und vom saugenden Abgrund des Nichts (in der Verzweiflung!) verschlungen zu werden.

Hinter dem philosophischen Gewand dieses von Daseinsangst umgebenen „nichtenden Nichts" Martin Heideggers verbirgt sich nämlich eine reale widermenschliche und widergöttliche Wesenheit: Mephisto, „der Geist, der stets verneint" und sich in dieser von Zweifel und Spott durchsetzten Verneinung wohl fühlt. Wenn der Mensch im Zusammenhang mit seiner Geburt und dem Erwachen seines Sinneswahrnehmens und Verstandesdenkens die platonische „Höhle" beziehungsweise das „Studierzimmer" Faust-Wagners betritt, das heißt in seinem Kopfe (Gehirn) Wohnung nimmt, dann tritt ihm dort, wohin die Strahlen der Geistessonne nicht dringen und die Nacht nur von einer trüben Lampe sparsam erhellt wird, Mephistopheles-Ahriman, wie aus Erdtiefen aufsteigend, entgegen. Durch blendende Verstandes-Klugheit will er den Menschen das Vertrauen auf ihr Geistwesen sowie an den Sinn des Daseins und an die Möglichkeit der Verbindung mit den höheren Welten rauben. Durch Spott sucht er ihnen das „faustische Streben" zu vergällen. Durch Zweifel will er sie zur Verzweiflung führen. Dann würde er gegenüber Gott-Vater recht behalten! Dann hätte das satanische Nein und Nichts über das göttliche Ja und Sein gesiegt! Dann wäre das göttliche Experiment mit der Erdenmenschheit gescheitert: der Ich-Mensch wäre den Versuchungen seiner gottgeschenkten Freiheit unterlegen!

Die bange Frage erhebt sich: Gibt es einen Weg, der den Menschen über diese Abgründe seines zur Freiheit erwachten Ich-bin hinwegführt, ohne diese Freiheit selbst anzutasten, noch dem Menschen sein Ich zu nehmen? Modern gesprochen: Gibt es für die Menschheit des 20. Jahrhunderts einen positiven „faustischen" Weg in die Zukunft, oder ist ein „neues Mittelalter" mit seinen autoritativen Bevormundungen auf geistigem Gebiete, verschärft durch einen herdenhaften Kollektivismus auf sozialem Gebiete, unausweichlich?

In Goethes Faust wird die Frage nach der Existenzberechtigung des Ich-Menschen gestellt – und zunächst – scheinbar, negativ beantwortet. Denn Faust beschließt, in Verzweiflung, seinem Dasein ein Ende zu bereiten. Ist die Selbstvernichtung nun wirklich das letzte Wort des freien Menschen? Ist die Situation des im Heideggerschen Sinn ganz auf sich gestellten „Da-Seins" wirklich so ausweglos? Eins ist sicher: Nur der *Mensch* kann die Frage nach dem Sinn des Daseins stellen, nur *er* kann an dieser Frage verzweifeln, nur *er* ist des Selbstmordes fähig – kein anderes Erdenwesen, kein Tier, keine Pflanze, kein Stein. Der Selbstmord ist das dämonische Gegenbild des Adels der menschlichen Freiheit und Ichheit.

Daher ist es nur folgerichtig, wenn Goethe seinen Menschheitsrepräsentanten Faust an die Schwelle des Selbstmordes führt. Natürlich faßt Faust den Entschluß dazu nicht wegen persönlicher Enttäuschungen oder Verluste, sondern weil er an der sinnvollen Möglichkeit des Menschseins überhaupt verzweifelt und hofft, wenn nicht anders, so vielleicht im Tode die Kantschen Erkenntnisgrenzen (der platonischen „Höhle", des „Studierzimmers", des „Schädels") übersteigen und zu den „Quellen des Lebens" in höheren Welten vordringen zu können. Von der luziferischen Versuchermacht verführt, erträumt er sich, nach dem Selbstmord, in ätherischen Sphären die Götterwonne neuer, reiner Tätigkeit, weil er als moderner, aufgeklärter Mensch nicht mehr weiß, was noch der mittelalterliche Christ aus alter Glaubensüberlieferung wußte: Daß eines Selbstmörders Seele von gesteigerten Einsamkeiten und verdichteten Dunkelheiten umfangen ist und daß er also keinen größeren Trugschluß gibt, als zu glauben, durch Selbstmord die Nacht des materialistischen Höhlenbewußtseins überwinden und der „Morgenröte" einer geistigen Welt teilhaftig werden zu können. Nein! Den erd- und schicksalflüchtigen Selbstmörder umgibt nachtodlich eine doppelte, aber nicht durch den Erdenleib, sondern durch den seelischen Fehltritt begründete Geistes-Finsternis und Ich-Fesselung!

Es ist kein gewöhnliches Gift, durch das Faust sich töten will. Es ist ein Gift, das sich der Mensch auf dem Gipfel seiner „Meisterschaft" bereitet und das den Extrakt aller einschläfernden und vernichtenden Kräfte der Erde darstellt. Die Giftschale, die Faust, um zu trinken, an die Lippen hebt, ist Symbol aller der negativen Gedanken, Gefühle, Willensimpulse und Taten, wodurch die geschichtliche Menschheit sich selbst zu quälen, zu erniedrigen und zu töten nicht müde wird. Hierher gehören besonders die materialistischen Theorien der neueren Naturwissenschaft und die nihilistischen Ideen der neueren Philosophie, die sich schließlich in Gott- und Menschverneinenden politischen Strömungen verwirklichten, wie wir sie in unserem Jahrhundert durchbrechen sahen. Nicht zuletzt liegt auch in den Atombomben ein soches höchstes Destillat menschlicher Kunst und Klugheit vor, mittels welchem wir den universellen Selbstmord vorbereiten.

Der Ort, wo dieses Gift bereitet wird, ist die „Studierstube", deren Licht jedoch, um in der Sprache des großen Zarathustra zu sprechen, nicht aus den Höhen des Sonnenlogos Ahura-Mazdao, sondert aus den Tiefen des Sonnendämons Angra-Mayniusch stammt und die

Menschen zu ihrem verhängnisvollen Denken und Tun „erleuchtet". Faust ahnt nicht, *wer* es ist, der ihn zu seiner Tat treibt, und *wer* der eigentliche Vater dieses Giftes ist. Er glaubt ganz „er selbst" und „frei" zu sein. Und diese Illusion gehört mit zur Tragik des zur Selbständigkeit erwachten modernen Menschen.

Da aber geschieht in Goethes Faustdrama etwas Merkwürdiges! Die Nacht geht zu Ende, die Macht der „Höhle" ist gebrochen, die „Morgenröte" kündet sich an, die Sonne naht. Aber der physische Sonnenaufgang ist nur Gleichnis eines geistigen Sonnenaufganges: Die Osterglocken läuten zur Erinnerung daran, daß der Sonnenlogos des großen Zarathustra den Tod und die Dämonen der irdischen „Höhle" überwunden und die Auferstehung erkämpft hat. Die Verkündigung der Osterglocken rettet Faust vor dem Selbstmord, gibt ihn dem Leben neu zurück und ruft ihn zugleich zur mutigen Selbstüberwindung und Selbstverwandlung wach:

> *Christ ist erstanden*
> *Aus der Verwesung Schoß;*
> *Reißet von Banden*
> *Freudig euch los!*

Unmißverständlich weist Goethe auf folgendes hin: Sich selbst überlassen, geht der faustische Ich-Mensch an sich selbst zugrunde. Die Selbstvernichtung ist der Gipfel seiner Weisheit. Die Menschheit ist an einem Krisenpunkt angelangt. Sie vermag aus eigener Kraft die beiden Widersachermächte (Luzifer und Ahriman), die sich in der irdischen Höhle an sie herandrängen und ihre Freiheit versuchen, nicht aus dem Felde zu schlagen. Sie bedarf dazu einer zusätzlichen Kraftquelle, einer himmlischen Speisung. Diese erfließt ihr aus dem Mysterium von Golgatha. Aber dieses Mysterium erlöst die Menschheit nicht in bequemer, passiver Weise, wie es heute so viele sogenannte Christen erhoffen. Es wird für sie erst fruchtbar, wenn jeder Einzelne diese Speisung in sein vollbewußtes, freies Ich aufnimmt und hernach als mutiger Geistesstreiter das Erdendasein besteht, wobei gerade einer spirituellen Erkenntnis („Gnosis") entscheidende Bedeutung zukommt. Um diese hat sich Goethe zeitlebens bemüht.

Warum war das Mysterium von Golgatha hötig? Weil selbst auserlesene Menschen der Spätzeit, infolge zunehmender Verhärtung ihrer Leiber und Intellektualisierung ihrer Seelen, es nicht mehr vermochten, im Sinne der alten Mysterieneinweihungen die „platonische Höhle" zu verlassen und zur Geistessonne aufzusteigen, und daher die ganze Menschheit der Gefahr der Auslöschung ihres ewigen Ichs verfallen wäre. Deshalb mußte schließlich der Sonnengeist selber in die Höhle zu den Menschen herabsteigen.

Eine „Höhle", ein unterirdischer „Stall" spielt daher in den Evangelien eine symbolisch bedeutsame Rolle. Ein apokryphes Evangelium weiß sogar zu berichten: Als die schwangere Maria den Höhlenstall von Bethlehem betrat, wurde dieser plötzlich von der „Blitzgewalt" eines übersinnlichen Lichtes bis in seine hintersten Winkel erleuchtet, und es schien, als sei die „Sonne" selber darin aufgegangen.

Im Zusammenhang damit tritt uns nun im „Faust" noch ein wichtiges Bild entgegen, das auf Goethes Mysterienwissen hindeutet: Der im Staube wühlende „Wurm" und der sich zur Sonne erhebende „Schmetterling". Der nur-irdische Mensch im Studierzimmer seines materialistischen Denkens ist „Wurm". Ein Wurm, eine Raupe ist ein Gebilde, das die Flügel verloren beziehungsweise noch nicht wieder erlangt hat. Bei Platon sind die Flügel oder Schwingen Ausdruck für die Organe und Kräfte, die dem Menschen die Geisteswelt eröffnen, sie sind dem vergleichbar, was die Inder „Lotosblumen" nennen. Als Faust stirbt, lauert Mephisto an der Leiche. Er will Faustens Seele erhaschen und ihr die „Flügel" ausreißen, er weiß, daß Faust dann ihm gehört. Es gelingt ihm nicht.

Durch das Mysterium von Golgatha sollten den Menschen die „Flügel" wiedergegeben werden. Heute keimen sie bereits in vielen Menschen, wenn diese es zumeist auch noch in Geistesträgheit verschlafen. Aber der Auferstandene des Ostermorgens steht vor uns als Mahnung, Hilfe und Vorbild.

DRITTES KAPITEL

Das Mysterium von Tod und Auferstehung

Das Erklingen der „Osterglocken" in Goethes Faust weist uns auf Geheimnisse hin, die heute auch den meisten „Christen" fremd sind, ohne die jedoch die letzten Tiefen von Goethes wunderbarer Dichtung nicht erfaßt werden können.
Es gibt nämlich zwei „Tode": einen Tod als Vernichtung und Ende, einen andern Tod als Erweckung und Neubeginn. Im ersten siegt die Stoffeswelt über den Geist, im letzten dieser über jene. Verläßt der Mensch die höheren Welten, um durch einen Mutterleib das Erdendasein zu betreten, so gewinnen Erdendunkelheit und Erdenträgheit Macht über ihn. Was wir heute „Geburt" des neuen „Lebens" (eines neuen Kindes und Erdenbürgers) nennen, empfand man in alten Zeiten als „Tod" des wahren Geistesmenschen. Die Griechen sagten Soma = Sema, das heißt, der menschliche Leib ist Grabmal für das Geistig-Seelische. Dementsprechend sah man in dem, was wir heute als „Sterben" bezeichnen, das Zerstören jenes Grabmales und die Auferstehung (Geburt) des Geistig-Seelischen.
Diese Auferstehung aber nicht erst am Lebensende und als Erfüllung einer Naturgesetzlichkeit, sondern schon innerhalb des Erdendaseins und als Erfolg einer geistig-sakralen Bemühung zu erreichen, war Ziel der sogenannten Mysterienkulte, die wir bei nahezu allen alten Völkern (mit Ausnahme der Israeliten), wenngleich als sorgfältig geheimgehaltenen Mittelpunkt ihres religiös-kulturellen Lebens finden. So war es zum Beispiel bei den Heiligen Weihen in Eleusis, einem nahe bei Athen gelegenen Ort. Nach langer Vorbereitung, die den Schüler leiblich-seelisch-geistig zu reinigen und zu stärken suchte, ward er zur heiligen Handlung selbst zugelasssen. Nachts, bei Fackelschein, bewegte sich der feierliche Zug zum Tempelbezirk. An einem theaterähnlichen Ort wurden dort den Schülern heilige, von Musik und Gesängen begleitete Handlungen (sogenannte „Dro-

mena") gezeigt, in denen Götter (Demeter, Persephone, Hades), durch Priester dargestellt, bestimmte, auf die menschliche Seele sich beziehende Wahrheiten darstellten.

Auf moderne, intellektuell vermauerte Menschen würden solche „Dromena" freilich nicht wirken, aber Menschen einer alten, verstandesmäßig nicht verhärteten und zudem entsprechend vorgeschulten Seelenverfassung wurden hierdurch bis ins Mark erschüttert, aus ihren Leibern herausgerückt und zum schauenden Erleben der Tiefen ihres eingenen Innern und der Göttermächte im Weltall erhoben. Obgleich den Eingeweihten (Mysten) strengstes Stillschweigen bei Todesstrafe verpflichtete, liegen doch aus den Spätzeiten des antiken Mysterienwesens Zeugnisse vor: „Ich stieg aufwärts durch das Reich der Elemente (Erde, Wasser, Luft, Feuer), ich sah die (geistige) Sonne um Mitternacht in wunderbaren Strahlen leuchten, ich trat hin vor die Götter der Tiefen und der Höhen."

Genauer sind wir nur über die Mithrasmysterien unterrichtet, die ungefähr gleichzeitig mit dem frühen Christentum, ja diesem voraneilend, einen großen Teil des römischen Weltreiches eroberten und besonders durch die römischen Legionen bis weit nach Germanien und England verbreitet wurden. Der uns erhaltene griechische Text (trefflich übersetzt von R. Wagner in Alfred Schütze: Mithras-Mysterien und Urchristentum, Stuttgart 1937), schildert zunächst vorbereitende Gebete, in denen der Myste sein Verlangen, den Leib zu verlassen, zum unsterblichen Wesenskern erweckt und zum gnadevollen Anblick göttlicher Wesenheiten zugelassen zu werden, sehnsuchtsvoll ausdrückt. Dann beginnt die Ekstase, die durch „Schwellen" und „Tore" in aufeinanderfolgende Sphären eindringt. In Mozarts „Zauberflöte" haben sich Teile antiken Mysterienwesens erhalten. Auch manche Riten bei der Aufnahme in Mönchs- und Freimaurerorden gehen auf solche Ursprünge zurück, insbesondere die kultische Kreuzigung (der Aufzunehmende wird an ein auf dem Boden liegendes schwarzes Kreuz geheftet) und die kultische Grablegung (der Aufzunehmende wird in einen schwarzen Sarg gelegt). Heutzutage sind das freilich bloße symbolische Zeremonien, einst jedoch kam es darauf an, die betreffenden Menschen wirklich in einen totenähnlichen Zustand zu versenken, während dessen ihre Seelen außerhalb des Leibes weilten und nie gekannte neue Erlebnisse gewannen.

Also nicht nur darum handelt es sich, daß ein Mensch seinen Leib verläßt (also eigentlich stirbt), nachher aber doch wieder in ihn zurückkehrt (wiederbelebt wird) und sich an seinen leibfreien Zustand erinnern kann, sondern daß der Mensch mit ganz neuen, höheren Kräften ins Erdendasein zurückkehrt, eine geistige Wiedergeburt erfährt.

An zentralen Stellen sprechen die Evangelien von einer solchen „Wiedergeburt" und „Erweckung von den Toten". Die weltgeschichtliche Tragik will es nun freilich, daß gerade die Angehörigen des alttestamentlichen Volkes, die Juden, keinerlei Verständnis für die hierauf bezüglichen Reden und Gleichnisse Jesu Christi haben konnten, weil gerade bei diesem Volke schon frühzeitig und aus ganz besonderen, hier nicht näher darzulegenden, aber mit der Vorbereitung des Messias zusammenhängenden Gründen alles Mysterienwesen ausgerottet und strengstens verboten war. So konnte folgender tragischer Fall eintreten (Joh.-Evangelium 3,1ff.): Nikodemus, ein hoher religiöser Führer der Juden, kommt zu Jesus, um ihn zu befragen. Jesus antwortet: „Wahrlich, ich sage dir: Wenn jemand nicht von neuem (von oben) geboren wird, vermag er das Reich Gottes nicht zu schauen." In totalem Unverständnis für das hier Gemeinte entgegnet Nikodemus: „Wie kann ein Mensch geboren werden, wenn er alt ist? Kann er in den Mutterleib eingehen und daraus wieder geboren werden?" Nikodemus kann sich also vom Gedanken an eine grobmaterielle zweite Geburt nicht befreien und hat keine Ahnung von der Geburt aus „Wasser und Geist", wie sie ja auch der Johanneischen Taufe zugrunde lag.

So bleiben auch die sogenannten Totenerweckungen Jesu Christi, von denen die Evangelien erzählen, besonders die Erweckung des Jünglings zu Nain und vor allem auch die Erweckung des Lazarus, den Juden, aber auch zunächst den Jüngern und Aposteln Jesu Christi unverständlich. Denn auch letztere konnten sich erst später, nach Golgatha und nach der Pfingsterleuchtung, zum wahren Verständnis durchringen. Es muß gefragt werden: Liegt in den genannten Wundern wirklich nichts weiter vor, als daß die Wesenheit eines bereits aus dem Leibe Abgeschiedenen neuerdings in den Leib zurückgeholt wird? Keineswegs! Denn solche Totenerweckungen waren damals keineswegs selten und konnten von manchen fahrenden Magiern, zum Beispiel vom großen Apollonios von Tyana, vollbracht werden. Es wäre kein Grund gewesen, deshalb Jesus Christus besonders hochzuheben.

Aber, wie dem auch sei, man frage sich doch nur: Was geschieht denn schon Bedeutsames, wenn eine Menschenseele wieder in den Leib zurückgeholt, also ein bereits Verstorbener wiederbelebt wird – wenn dieser Mensch nachher derselbe schwache und geistesblinde „Alte Adam" ist, der er früher war? Ob er noch ein paar Jahre länger lebt, als ursprünglich vorgesehen – was liegt daran? Ein materialistisches Zeitalter, wie das unsrige, mag das „wichtig" finden, geistig-okkult betrachtet, bedeutet es nichts. Mag daher immerhin Jesus Christus im medizinischen Sinne bereits „Verstorbene" widerbelebt haben – der Grund, warum diese Ereignisse an so wichtiger Stelle in den Evangelien erzählt werden, muß ein tieferer sein.

Und so ist es in der Tat! Die von Jesus Christus wiedererweckten Menschen hatten während der Zeit ihres Abgeschiedenseins, von den Leibes-, Sinnes- und Verstandesfesseln befreit, jenseits der Schwelle die geistige Welt und sich selbst als unsterbliche Wesenheiten erlebt. Sie hatten aber außerdem (und dadurch erheben sich diese Ereignisse noch weit über das antike Mysterienwesen hinaus) im leibfreien Zustande die „Sonne" alles „Lebens" und aller „Wahrheit" geschaut, das heißt die unverhüllte Geistbegegnung mit dem gehabt, den sie im Erdendasein als ihren geliebten Meister kannten und von dem sie nun wußten: Er ist eine im Fleische verkörperte Gottheit. Während ihrer Todesentrückung waren sie dem Herrn des Lebens in übersinnlicher Schau begegnet, und dessen Machtwort hatte sie wieder in den Erdenleib zurückgerufen. Nun waren sie nicht nur „Wiederbelebte" und auch nicht nur aus dem Geiste zum „zweitenmal Geborene", sondern sie waren Eingeweihte der höchsten, die Erden-Menschheitsgeschichte leitenden Gottheit.

Als Andere und Erhöhte kamen die vom Tode Erweckten wieder, waren sie doch nicht nur vom leiblichen, sondern auch vom geistigen Tode erweckt worden. Das gilt besonders von „Lazarus". Dieser wurde nach seiner Erweckung zum Jünger, den der „Herr lieb hatte" und der an seiner „Brust lag" und der allein fähig war, das „Johannisevangelium" und schließlich, im höchsten Alter, die „Apokalypse" („Geheime Offenbarung") zu schreiben. Und das Wichtigste: Von allen Aposteln und Jüngern stand er allein (neben Maria und Magdalena) unter dem Kreuz auf Golgatha. Alle andern waren entweder geflohen oder in einem abgedunkelten Bewußtseinszustande, so daß es ihnen unmöglich war, zu erleben, was eigentlich auf Golgatha geschah. Denn wie hätten die übrigen Jünger und Juden, die nicht einmal fähig waren, eine gewöhnliche und in der damaligen hellenistischen Welt allenthalben übliche Mysterieneinweihung zu verstehen, das Mysterium aller Mysterien verstehen können, das sich auf Golgatha vollzog?

Einzig der Jünger, der von Jesus Christus selbst durch das große „Stirb und Werde" hindurchgeführt worden und dadurch aus einem Lazarus zu einem Johannes („Johannes" ist kein bürgerlicher Name, sondern eine Mysterienbezeichnung, ein geistiger Rang) geworden war, vermochte das. Das Kreuz auf Golgatha ist nämlich mehr als eine Hinrichtungs- und Marterinsturment, es ist mit seinen rechtwinkelig aufeinanderstoßenden Balken Ausdruck des Irdisch-Materiellen. Das Kreuz ist spirituelles Symbol der Erde und alles ihr Zugehörigen: Schmerzen, Krankheiten, Schicksalsschläge, Sterben. Christi Anheftung an das Kreuz bedeutet also das sich Verbinden eines Gotteswesens mit der Erde: Damit aus der Finsternis das Licht, aus dem Körperlichen das Geistige, aus dem Tode das neue Leben geboren werde. Aber das bedeutet weiterhin, daß wir beim Anblick des finsteren, harten Kreuzes, also beim Karfreitag, nicht stehenbleiben dürfen, sondern zum Ostersonntag-Morgen, also zur Auferstehung, weiterschreiten müssen. Symbol der Auferstehung ist aber das Rosenkreuz: ein schwarzes Kreuz mit sieben roten strahlenden Rosen in der Mitte.

Damit aber stehen wir wieder mitten im Studium von Goethes

Dichtung. In gewissem Sinne kann man sagen: Goethe selbst war Rosenkreuzer, und hat das in seinem unvollendet gebliebenen Gedicht „Die Geheimnisse" zum Ausdruck gebracht: Nach langer, von Kämpfen und Leiden erfüllter Lebensreise gelangt Bruder Markus endlich an die Pforte eines einsamen Klosters. Die letzten Sonnenstrahlen vergolden das Tal und vermischen sich mit dem Abendläuten der Klosterglocken. Sinnend betrachtet er das über dem Eingang stehende Zeichen, das Rosenkreuz.

> *Wer hat dem Kreuze Rosen zugesellt? –*
> *Es schwillt der Kranz, um recht von allen Seiten*
> *Das schroffe Holz mit Weichheit zu begleiten.*

Im tiefsten Sinne Rosenkreuzer war zur Goethezeit auch der Seher-Dichter Novalis, weil auch er das Mysterium des Todes mit dem Mysterium des Lebens innig verbunden sah:

> *Im Tode ward das ewige Leben kund,*
> *Du bist der Tod, und machst uns erst gesund!*

Und an anderer Stelle bekennt er, der lebenslang durch schwere Krankheiten und Schicksale dem Tode nahe war:

> *Das Sterbliche erdröhnt in den Grundfesten,*
> *Aber das Unsterbliche fängt heller zu leuchten an*
> *Und erkennt sich selbst.*

Aber auch noch eines anderen Geheimnisses müssen wir hier gedenken, das uns zugleich zum Faust zurückführt. Goehte schildert uns, wie Faust mit besonderer Feierlichkeit eine kristallne, reine Schale einem alten Futterale entnimmt, mit der braunen Flut des Todestrankes füllt und sie, ehe er trinkt, als festlich-hohen Gruß dem aufdämmernden Morgen darbringt. Ein Augenblick höchster Dramatik: Der Todestrank im Gegensatz zum Lebenstrank der aufgehenden Ostersonne!

Schalen oder Kelche spielen in der Symbolik aller Völker und Zeiten eine große Rolle. In gewissem Sinne ist der Mensch selbst eine Schale oder ein Kelch, der, je nachdem, mit heiligen Liebes- und Lebenskräften, oder mit satanischen Haß- und Vernichtungskräften sich füllen kann. In Richard Wagners „Tristan" will Isolde Tristan den Todeskelch reichen, reicht ihm aber, durch ein gütiges Geschick getäuscht, den Lebens-Liebestrank. Dem Tode eintgehen beide hierdurch freilich nicht, wohl aber der Schuld des Mordes und Selbstmordes. Oder, ein anderes Bild: In seinem Drama „Kampf der Sieben um Theben" läßt Äschylos zwei haßerfüllte Brüder auf Leben und Tod miteinander um den Thron ihres verstorbenen Vaters kämpfen. Ehe der Kampf beginnt, bringt man einen großen gewölbten Schild, und läßt in diese mächtige Schale das dunkle Opferblut eines schwarzen Stieres fließen. Dann tauchen die Brüder ihre geballten Fäuste in das dampfende Blut und schwören bei den Göttern der Unterwelt und des Hasses einen furchtbaren Eid: Entweder den Bruder zu töten oder selbst zu fallen!

Alle diese Todes-Haß- und Vernichtungskelche haben aber nun zum Gegenpol die Gralsschale, in welche das auf Golgatha geflossene Blut von Engel gesammelt und in Geistesreichen aufbewahrt wurde. Dem Blute des Selbstmörders oder des Ermordeten steht hier gegenüber das in freier Liebestat dargebrachte Opferblut; der menschlichen Ichsucht und Verzweiflung steht gegenüber eine Gottestat, die sich zum Sinn der Erde bekennt und diesen Sinn neu begründet; dem Tode als Zerstörung steht gegenüber der Tod als Auferstehung!

Das stärkste Gegenbild der Gralsschale aber ist jene Schale, auf der Salome das abgeschlagene Haupt Johannes des Täufers vom Henker empfängt. Das „Blutige Haupt in der Schüssel" als schwarzmagisches Gegenbild des Opfers von Golgatha, so wie die „schwarzen Messen", in denen man Kinderblut vergoß, dem Abendmahlsakrament entgegenstehen! Zwischen diesen beiden Geistesströmen ist in letzter Hinsicht die Geschichte der Menschheit so wie die des Einzelnen zur Entscheidung gestellt. Hier vollziehen sich die großen Kämpfe zwischen Licht und Finsternis mit der Frage: Wer soll die Erde beherrschen? Wem soll die Zukunft gehören?

VIERTES KAPITEL

Der Mensch und das Böse / Mephistopheles – Luzifer

Nachdem Faust durch das Erklingen der Osterglocken vor dem Selbstmorde bewahrt und dem Erdendasein erneut zurückgegeben worden war, ist er weltennotwendig den Versuchungen des Bösen ausgesetzt. Denn das Erdendasein ist die Sphäre der Freiheit – und deshalb die Sphäre des Irrtums und des Bösen. Hat nun schon der druchschnittliche Alltagsmensch genug mit den Versuchungen zum Bösen zu tun, so steigert sich dieses bei bedeutenden Menschen. Noch weitaus geballter aber dringen die Mächte des Bösen heran, wenn ein Mensch sich auf den Weg einer spirituellen Entwicklung und Einweihung begibt.
Von Buddha, zum Beispiel, wissen wir, daß er unmittelbar vor seiner endgültigen Erleuchtung unter dem Bodhibaume (Heiliger Feigenbaum der Inder, Ficus ashvatta), die ihn aus dem Range eines Bodhisattva zum Range eines Buddha emporhob, einen gewaltigen Angriff „Maras" mit seinem Dämonenheere zu bestehen hatte. Im Letzten Augenblick noch wollte Mara die Buddhawerdung und das damit für die Menschheit verbundene Erlösungswerk verhindern. In ähnlicher Weise tritt an Jesus Christus unmittelbar nach der Johannestaufe am Jordan der Versucher dreimal heran – und wird in einem gewaltigen, von der Bibel nur angedeuteten Geisteskampf zurückgeschlagen. Auch die Biographien der christlichen Heiligen wissen von solchen Ereignissen zu berichten, wenn sich diese auch mit den Versuchungen Jesu Christi oder Buddhas nicht im entferntesten vergleichen lassen. Das bedeutet freilich nicht, daß große, ins Übermenschliche, ja Göttliche aufragende Individualitäten dem Bösen näherstünden oder von ihm mehr gefährdet wären als Alltagsmenschen, wohl aber, daß die größten Geistessiege notwendig auch Siege über die dunklen Widersachermächte sein müssen, weil diese ein besonderes Interesse haben, sie zu verhindern.

Nun tritt aber das Böse in zwei völlig verschiedenen Formen an den Menschen heran und versucht sein Menschsein nach zwei entgegengesetzten Richtungen zu bedrohen und zu vernichten. Blicken wir in alte Zeiten, bis herüber zum christlichen Mittelalter zurück, so ist es freilich größtenteils nur die *eine* Form des Bösen, die mit der Versuchung zu Sinnengenuß, ichsüchtigem Begehren und Weltflücktigkeit zusammenhängt. Die zweite Form des Bösen entwickelt sich mehr in der neueren Zeit und bringt ganz andere Gefahren mit sich.

Die polarische Zweiheit der Möglichkeiten zum Bösen weist uns dar auf hin, daß der Mensch selbst kein einfaches, sondern ein polarisches Wesen ist, das zwischen Nerven-Sinnes-System und denkendem Haupte auf der einen, Stoffwechsel/Gliedmaßen-System und triebhaftem Willensleben auf der andern Seite ausgespannt ist und im rhythmischen Leben der fühlenden Brust seine ausgleichende Mitte findet. In dieser seelisch-fühlenden Mitte sollte der Mensch sein eigentliches Menschsein so stark ergreifen, daß er die einseitigen Versuchungen der beiden Gegenpole im Gleichgewicht halten und beherrschen kann. Leicht ist nämlich zu erkennen: sowohl das herzlos-kalte, nur-sachliche Denken und Planen des Kopfes, wie das triebhaft-heiße, egozentrische Begehren und Wollen des Blutes sind für sich allein noch ein Unmenschliches, – mögen sie in der Menschheitsgeschichte noch so staunenswerte Wirkungen entfalten. Das Menschliche des Menschen liegt auf einer anderen Ebene, dort, wo Gedankenklarheit und Willensleidenschaft einem Höheren dienstbar gemacht und ihm hingeopfert werden.

Den doppelseitigen Möglichkeiten des Menschen, ins Unmenschliche abzugleiten, also am Bösen gleichsam zu erkranken und hinzusterben, entsprechen nun außerhalb des Menschen zwei große kosmische Zentren der Widersachermächte des Göttlichen. Das wußte man überall in alten Zeiten, erst dem modernen Menschen ging dieses Wissen verloren. Er spricht nur vom „Teufel" schlechthin, – wenn er nicht überhaupt glaubt, dieser sei nur eine Ausgeburt menschlicher Phantasie und das Böse nur eine dem Menschen zukommende Eigenschaft, ohne außermenschliche, kosmische Wirklichkeit. Im Alten Testament zum Beispiel lesen wir von zwei völlig verschiedenen Widersachermächten, *Leviathan* und *Behemoth*, ersterer als schlangenähnlicher Drache im Weltenmeer auf- und niedertauchend, letzterer als erzfüßiger Stier, die Erde und alles, was auf ihr lebt, zerstampfend. In der nordisch-germanischen Mythologie entspricht dem Leviathan die Midgardschlange, dem Behemoth der Fenriswolf.

Auch die Evangelien kennen in ihrem griechischen Urtext zwei verschiedene Formen des Bösen, die dort Diabolos und Satanas genannt werden. *Diabolos* (dem Leviathan und der Midgardschlange verwandt) ist im engeren Sinne der Verführer und Versucher. Er macht sich an das einem Meere ähnliche menschliche Seelenleben heran, sucht es aus seiner ruhigen, den Himmel spiegelnden Reinheit zu reißen und in ihm die Stürme trüber Leidenschaften und Süchte zu erregen. Diabolos ist jene schlangengestaltige Wesenheit, welche Eva im Pradies verführt und den sogenannten luziferischen Sündenfall bewirkt. *Satanas* hingegen ist dasselbe, was die alten Perser Angra-Mayniusch od-r Ahriman nannten. Dieser ist die kalte Macht der Negation und des Mordes, welche stier- oder wolfsgleich alles zerreißt oder zerstampft. Satanas wirkt primär nicht in der menschlichen Seeleninnerlichkeit, sondern in den materiellen Stoffen und Kräften des Irdisch-Unterirdischen und versucht, von dort aus auf den Wegen des kalten, rechnenden Intellektes vom Menschen Besitz zu ergreifen. Judas zum Beispiel ist dort von Satanas besessen, wo er Jesus Christus um Geld, oder auch, wie man glaubt, deshalb verrät, um ihn endlich zu zwingen, sich als König ausrufen zu lassen und die Römer aus Judäa zu vertreiben.

Den Fehltritt des Judas kann man einen männlichen, den Fehltritt im Paradies einen weiblichen Sündenfall nennen. Denn kalter Verstand, Geiz, Geld- und Machtstreben sind in besonderem Maße Gefahren des Männlichen; sich selbst bespiegelnde Eitelkeit, Gefallsucht und lüsterne Begierlichkeit hingegen hervorstechende Gefahren des Weiblichen. Letztere bedrohen den Menschen mehr von innen und aus dem Bereiche des Intim-Persönlichen, erstere mehr von außen und aus dem Bereiche unpersönlicher Sachlichkeit. Je nach ihrer Veranlagung sind aber alle Menschen bald mehr der einen, bald mehr

der anderen Versuchermacht zugeneigt. Ja ganze Völker und Kulturepochen stehen jeweils mehr unter *satanisch-ahrimanischem* oder *diabolisch-luziferischem* Einfluß. Hierbei wird auch das Bedeutsame, das Einzelmenschen, Völker oder Geschichtsepochen hervorbrachten, der einen oder der andern Versuchermacht mitverdankt, getreu den Worten Gott-Vaters am Beginne des Faust, daß dem Menschen die Berührung mit dem Bösen nötig sei, weil er durch dieses aus seiner Geistesträgheit erweckt und zum Schaffen angespornt werde. Entscheidend ist dann freilich: durchschaut der Mensch schließlich, wer ihn da inspiriert, und versucht er diese Mächte in den Bereichen zu halten, die ihnen zukommen, oder verbleibt er im Zustande der Ahnungslosigkeit und wird von ihnen vollkommen überwältigt und von seinem wahren Ziele abgebracht. Letzteres ist ganz besonders eine Schicksalsfrage unseres 20. Jahrhunderts.
Goethe als Dichter war inspiriert genug, um in seinem „Faust" diese Doppelmacht deutlich zur Erscheinung zu bringen. Zwar bezeichnet er die böse Wesenheit überall mit einem und demselben Namen „Mephistopheles", die Art und Weise jedoch, wie Mephisto erscheint, spricht und wirkt, läßt deutlich erkennen, daß dieser Name das Gewand für zwei ganz verschiedene Wesenheiten bildet.
Im ersten Teil des „Faust" erscheint Mephisto als diabolisch-luziferisches Wesen: in flammendes Rot gekleidet, die kecke Hahnenfeder auf dem Hute, will er Fausts ernstes Erkenntnisstreben in leidenschaftlichem Genuß ersticken. Hier ist er der „Wunschgebieter" (R. Steiner), der sich des menschlichen Blutes bemächtigt (Blutspakt!) und in ihm wilde Leidenschaften entflammt. Um zu verstehen, was hier geschieht, muß man folgendes bedenken: Das alle Organe durchspülende, von ihnen Wirkungen empfangende und auf sie zurückwirkende Blut bildet den Schwerpunkt des Stoffwechsels und ist das Zentrum der menschlichen Wärmebildung. Geistig geschaut brennt hier „Feuer". Dieses Feuer ist zunächst, und dem göttlichen Plane entsprechend, eine milde Wärme verbreitende, heilige Lebensflamme, welche den menschlichen Leib bildet, nährt und heilt. In diesem Sinne sprachen die alten Stoiker vom „Pyr technikon" vom schaffenden, allem Naturwirken zugrunde liegenden

Feuer. Diese heilige Lebensflamme und reine Wärme ist dem verwandt, was wir selbstlose, lebenspendende Liebe nennen. Sie wirkt im kleinen Kinde sowie im ursprünglichen Menschen vor dem paradiesischen Sündenfall.
Dann jedoch drängt sich in diese reine Lebens- und Liebesflamme die menschliche Egoität hinein, durchsetzt sie mit ihrem sehr unheiligen egoistischen Begehren und wandelt so die schöpferische, lebenspendende Wärme in wilde, lebenvernichtende Glut. So wie sich die milde, aufbaunde Wärme des Gesunden von der verzehrenden Hitze des Fieberkranken unterscheidet, so unterscheiden sich auf seelischem Gebiete selbstlose, helfende Liebe vom egoistischen, nur auf Triebbefriedigung abzielenden und die Mitmenschen bedenkenlos seinen Lüsten aufopfernden sexuellen Begehren. Dieses wilde, unheilige, Leid und Tod bringende Feuer will Mephisto in Faust hineingießen. Fausts Blut will er mit diesem Feuer vergiften.
Faust befindet sich nämlich am Beginn von Goethes Dichtung an einer wichtigen Schicksalswende: Er ist etwa 35 Jahre, steht demnach in der Lebensmitte, dort also, wo die naturhaften leibgebundenen Jugendkräfte verebben und den Menschen vor die Aufgabe stellen, aus seinem geistigen Wesenskern unvergängliche seelische Jugendkräfte wachzurufen. Diesem positiven Ziele widerstrebt natürlich Mephisto, er will Faust im Natur- und Leibegebundenen festhalten und bemächtigt sich hierzu seines Blutes, um dieses im Sinne magischer Verjüngung erneut und gesteigert zum Sitz sexuell-erotischer Begierden zu machen. Mit unheiliger Liebe kämpft er gegen die heilige Liebe, der sich Faust nach göttlichem Plane aufschließen sollte, und zu der er dann erst spät, nach seinem Tode und unter Mithilfe Gretchens, in der Mariensphäre sich durchringt.
Zunächst aber verfallen sowohl Faust als Gretchen der roten, hitzigfieberhaften, im Blut- und Begierdenbereiche wirkenden diabolischluziferischen Verführung. Denn auch Gretchen, das vergißt man nur zu leicht, verfällt dieser Macht, nur in anderer Weise als Faust. Mit psychologischer Meisterschaft kennzeichnet Goethe die so sehr verschiedenen Wege, auf denen sich der „Wunschgebieter" an das männliche beziehungsweise weibliche Element im Menschen heran-

macht. Im Manne, als dem willenshaft-tätigen Teile, erregt er den zynisch-unmittelbaren Drang nach Besitzergreifung. Wie die Soldaten feste Burgen, so erobern die Burschen unberührte Mädchen, und um so lieber, je mehr sie widerstreben. Die männliche Abenteurerlust und Entdeckerfreude kommt hier, nicht zuletzt im Streben, das Verhüllte nackt zu sehen, zum Ausdruck. Hier muß Mephisto beim Manne angreifen.

Bei Gretchen, als echtem Weibe, geht er anders vor. Wenn wir sie auf der Bühne zum ersten Male sehen, ist sie, obgleich, wie Faust zynisch bemerkt, „über vierzehn Jahr schon alt", doch noch Kind. Das heißt: ihr Ich ist noch nicht zum Selbstbewußtsein erwacht. Das geschieht erst, als sie das diabolisch-luziferische Schmuckkästchen findet, öffnet und geschmückt vor den Spiegel tritt. Neugierde, Eitelkeit, lüsterne Gefallsucht im Gewande der Schönheit; das sind hier die Wege, auf denen sich der „Wunschgebieter" ins Wesen einer Frau einschleicht. Man bedenke wohl: solange ein Mensch sein Ich und seine Schönheit bloß hat, aber nicht darum weiß, ist er noch ein paradiesisch-unschuldiges Kind und besitzt Diabolos-Luzifer keine Macht über ihn. Beim ersten Blick in den Spiegel (es kann ein äußerer, physischer oder ein innerer Seelenspiegel sein), steht er aber schon in der Gefahr, sich selbst zu gefallen narzissos-gleich sich in sich selbst zu verlieben und demgemäß auch das Gefallen anderer auf sich ziehen zu wollen. So, durch die Möglichkeiten seines Ich-Bewußtseins zum Egoismus verführt, verfällt er, ehe er deutlich weiß, was und wie ihm geschah, der luziferischen Macht und wird aus dem „Paradiese" verstoßen.

Das sich selbst gefallende, schöne Scheinen des Weibes bildet so den Gegenpol des selbstbewußten, eroberungslustigen männlichen Begehrens. In jedem Einzelnen sowie in der Verbindung beider wirkt Mephisto in seiner roten, heißen, leidenschaftlichen Erscheinungsform. Die männlichen und weiblichen Verführungskünste sind dann zwar ganz verschieden, ergänzen sich aber und rufen einander hervor. Kennzeichnend für jede, insbesonders die diabolisch-luziferische, Verführung ist es nun, daß sie sich vor dem menschlichen Bewußtsein verbirgt, das heißt: je tiefer der Mensch dieser Macht verfallen ist und von ihr in seinem Denken, Fühlen und Tun beherrscht wird, desto mehr glaubt er, von ganz anderen Motiven, als denen, die ihn tatsächlich beherrschen, erfüllt zu sein. Das kommt in den Gesprächen zwischen Faust und Mephisto deutlich zum Ausdruck: In dichterischen Worten schwärmt Faust von ewiger, selbstloser Liebe und vergleicht seine Gefühle für Gretchen mit den Beziehungen des Gläubigen zu Gott:

> *Und wenn du ganz in dem Gefühle selig bist,*
> *Nenn's Glück! Herz! Liebe! Gott!*
> *Ich habe keinen Namen*
> *Dafür! Gefühl ist alles;*
> *Name ist Schall und Rauch,*
> *Umnebelnd Himmelsglut.*

Mephisto, als tiefer, Psychologe, läßt sich hierdurch freilich nicht täuschen. Er weiß, daß alles dieses mit dem „Hexentrank" (in unserer Sprache mit Blut und Drüsensystem) zusammenhängt und nennt Faust einen „übersinnlichen, sinnlichen Freier", den ein Mägdelein nasführe. Man darf eben beim Studium des „Faust" nicht meinen, was Faust sagt, sei Goethes eigene Meinung, sehr, sehr oft spricht dieses nämlich nicht Faust, sondern Mephisto aus, denn Mephisto ist doch, ebenso wie Wagner, ein Teil Faustens. Aber auch Gretchen meint zunächst, alles, was sie dazu getrieben habe, sei „gut" und „lieb" gewesen – – – und so nimmt das Verhängis seinen Lauf.

Denn ein Urgesetz der Welt lautet: Lust zieht Leid, Wonne Weh nach sich. Durch sein egozentrisches Wünschen, Begehren und Genießen durchbricht der Mensch die heiligen Ordnungen der Welt und ruft, ohne es zunächst zu ahnen, aus jenen Weltenordnungen echogleich Leid auf sich herab. Dieses Leid ist die Antwort auf die luziferische Sünde der Egoität und kann sowohl ein mehr seelisches als ein mehr leibliches sein. Die moderne Medizin weiß, daß alle hitzigen Leidenschaften Funktionszustand und gegenseitiges Gleichgewicht der inneren Organe stören und daß hierdurch zunächst Atmung, Herzschlag, Zirkulation, weiterhin aber auch Magen, Leber, Galle, Niere in Mitleidenschaft gezogen werden. Viele Krankheiten sind demnach „psychogen" und haben ihre tiefsten Wurzeln in der „Sünde".

Goethe hätte demnach Faust und Gretchen als Folgen der Verführung durch den „Wunschgebieter" auch erkranken lassen können. Er wollte jedoch keine medizinische Abhandlung, sondern ein Drama schreiben und mußte deshalb die seelisch-sozialen Folgen unbeherrschten und undurchschauten Begehrens darstellen. Diese bleiben denn auch nicht aus: Gretchen tötet ihre Mutter mit einem aus den Händen von Faust-Mephisto empfangenen „Schlaftrunk", sie ertränkt in Verzweiflung über die „Schande" ihr Neugeborenes und ist mitschuldig am Tode ihres Bruders Valentin im Zweikampf mit Faust. Schließlich sitzt sie selbst, verurteilt und ihre Hinrichtung erwartend, in der „Armensünderzelle".

Ströme von Leid und endlich vier Tote sind also das Ergebnis von Faustens Ausflug ins Reich des Begehrens und Genießens, einem Ausflug, der so heiter und wonneverheißend mit dem Blick in den hexenhaften „Zauberspiegel" und in das glitzernde „Schmuckkästchen" begann. Aber diese Ströme von Leid führen den Menschen zum schließlichen Erkennen dessen, *was* da immer wieder im menschlichen Erdendasein gespielt wird und *wer* der eigentliche Regisseur und Souffleur dieses Spieles ist. Gretchen geht durch die größten Schmerzen, und daher ist sie es auch, die zuerst und lange vor Faust sehend wird. Es geschieht dies in der Schlußszene im Kerker, die einer Mysterienerleuchtung und -einweihung nahekommt: Faust betritt, von Mephisto geleitet, die mitternächtige Todeszelle, um Gretchen zu befreien. Gretchen, von Schmerz und Reue dem Wahnsinn nahe, hält ihn zuerst für den Scharfrichter und bittet um Gnade. Dann erkennt sie Faust! Liebes- und Lebenssehnen erwachen mit aller Kraft neu in ihr. Aber ein Etwas steht nun entfremdend zwischen beiden und hindert sie, die rettende Hand zu ergreifen. Es wird spät, bald zu spät, der Morgen dämmert herauf! Da erscheint das „Etwas", das Gretchen für Liebe und Leben nicht mehr recht erwarmen lassen wollte, unmittelbar hinter Faust aufsteigend, vor ihr: Es ist Mephisto:

> *Was steigt aus dem Boden herauf?*
> *Der! der! Schick ihn fort!*

> *Was will der an dem heiligen Ort!*
> *Er will mich!*

Nun weiß Gretchen, *wer* von Anfang an hinter Faust und ihrer Liebe stand, wer auch in *ihrem* Ich und Blut durch das „Kästchen" mächtig wurde und wem sie endgültig verfällt, wenn sie jetzt ins erdenwarme Leben zurückkehrt. Sie durchschaut die seit dem paradiesischen Sündenfall im menschlichen Blute und Ich wirkende „Schlange" und weiß, daß sie diese Schlange nur um den Preis der Hingabe ihres eigenen Blutes und egozentrischen Lebens ausstoßen und besiegen kann. Und so gelingt ihr der schwerste Kampf und der größte Sieg, den Menschen bestehen können: Sie überwindet sich selbst! Sie wächst hinaus über alle im Blute wirkende egoistische Liebe zu Leib und Seele. Sie tilgt das „verzehrende" Feuer und stellt es in seiner ursprünglichen, paradiesischen Reinheit wieder her, indem sie durch das „Stirb" ihres niederen, zum „Werde" ihres höheren Ich durchdringt. Kurz: Sie bleibt freiwillig im Kerker und nimmt bewußt die morgendliche Hinrichtung auf sich, ist diese doch nun ein Gleichnis für das von ihr selbst in Freiheit eroberte „Stirb und Werde".

Gretchen vergießt auf dem Block das von Luzifer vergiftete, nun aber durch die freie Hinopferung geheilte menschliche Blut. Muß uns das nicht an Golgatha erinnern? Ist nicht Gretchens Tat eine Nachfolge der Tat von Golgatha? Und wird nicht durch dieses Opfer jene „ewige Liebe" gewonnen, die, Fausts strebendem Bemühen entgegenkommend und seine aus dem Leibe abscheidende Seele den Klauen Mephistos-Satanas entreißend, zu hohen Geisteswelten emporträgt? Ja, so ist es, und Goethe selbst hat den tiefsten Sinn seines Faust in folgenden Versen ausgesprochen:

> *Wer immer strebend sich bemüht,*
> *Den können wir erlösen.*
> *Und hat an ihm die Liebe gar*
> *Von oben teilgenommen,*
> *Begegnet ihm die selige Schar*
> *Mit herzlichem Willkommen.*

Man kann nun fragen: Muß das so sein? Muß der Mensch erst die schmerzvollen Umwege durch Ichbegierde, Lust und Leid, drückende Schuld und schmerzliche Sühne machen, um schließlich wiederum, wenn auch auf höherer Stufe, das „Paradies" zu erreichen? Aber man bedenke, was wir der anreizenden Wirksamkeit der diabolisch-luziferischen Macht alles verdanken! Denn keineswegs nur ins erotisch-sexuelle Begehren, nein, in alles menschliche Streben fließt diese Macht ein. Noch so „sachlich" können Gelehrte in ihren Laboratorien die Wahrheit erforschen, oder Künstler „selbstvergessen" im Atelier ihre Werke gestalten, oder Männer des öffentlichen Lebens, Politiker, Sozialreformer, Ärzte, Priester, Lehrer „selbstlos" nur um das Wohl anderer Menschen bemüht sein: Der Rückbeziehung (Reflexion, Rückbespiegelung) auf das eigene Ego, das heißt einem, wenn auch noch so geringen Grade von Geltungsdrang, Erfolgsstolz, Ehrgeiz und Eitelkeit vermag hierbei kein Mensch zu entgehen. Die Leistung wird nicht allein um ihrer selbst willen und in Beziehung zu den anderen Menschen, sondern auch wegen der für den Schöpfer selbst damit verbundenen Lust und Tätigkeitsfreude erstrebt. Der Pharisäer freilich, der den Armen nur gibt, wenn genügend andere dabeistehen, um seine Großherzigkeit zu bestaunen, oder der, auch wenn es niemand sieht, von seiner eigenen „selbstlosen Güte" bewundernd ergriffen ist, erscheint freilich als leicht erkennbarer Fall. Niemand aber, auch der Selbstlose, kennt die Tiefen seiner Seele, wenn er glaubt, von jenem „Pharisäertum" ganz frei zu sein.

Tiere besitzen nicht den Schaffensdrang zu persönlicher Leistung. Der Mensch hat ihn, und das um so mehr, je stärker sein persönliches Ich erwacht. Aber an diesem Erwachen ist die in den Seelentiefen wirkende Schlange Diabolos-Luzifer mitbeteiligt. Fast alles verdankt er zunächst ihrem Anreiz und muß doch als höchstes Ziel vor Augen haben: sie in seiner Seele schließlich restlos zu verwandeln. Worum es sich hier handelt, mache folgendes geschichtliche Beispiel klar: Weitgehend selbstvergessen und nur um Gottes willen schufen die mittelalterlichen Künstler an ihren musikalischen, architektonischen, plastischen und malerischen Werken. Ihre Person suchten sie zu verbergen. Mühsam und auf wissenschaftlichen Umwegen entdekken wir heute ihre Namen, denn es war damals nicht üblich, das Werk zu „signieren". Seit der Wende vom fünfzehnten zum sechzehnten Jahrhundert änderte sich dieses. Die Persönlichkeit trat, ihrer selbst bewußt, hervor. Nun sollte man wissen und bewundernd anerkennen, *wer* der Schöpfer eines Werkes war. Das Gottesdienstliche menschlichen Schaffens verschwand, der Kultus der „Persönlichkeit", die Verherrlichung des „Genies" kamen herauf und überschlagen sich heute im Kult der in allen Zeitungen abgebildeten Filmdivas oder Fußballhelden. Wir leben in einer Zeit höchster diabolisch-luziferischer Egozentrik, obwohl das erotische Luststreben nur einen kleinen und als solches keineswegs den gefährlichsten Teil bildet.

Diese eitle Selbstbespiegelung des modernen Menschen bedeutet nicht Ich-Stärke, sondern Ich-Schwäche und findet ihren Ausgleich einerseits in Krankheiten (zum Beispiel Krebskrankheit!), andererseits in großen sozialen und kriegerischen Katastrophen. Die Ströme von Leid, die sich hierdurch über die Menschheit ergießen und deren Ende heute noch nicht absehbar ist, sind die Antwort auf jene „Lust" der Egoität. Der Druck des Leides aber zwingt die Menschen-Iche zur Einkehr, zur Läuterung, zum „Sterben" ihres niederen und zum „Werden" ihres höheren Ich. Das ist die gewaltige Lehre, die wir der Gretchen-Tragödie entnehmen.

FÜNFTES KAPITEL

Der Mensch und das Böse / Mephistopheles-Ahriman

Im ersten Teil von Goethes Faust erscheint Mephisto als in verführerisches Rot gekleideter, das menschliche Bluts- und Leidenschaftsleben ergreifender „Wunschgebieter", ist also eine luziferische oder, wie sie das Neue Testament nennt, diabolische Wesenheit. Die Gretchentragödie, an deren Ende vier Tote daliegen (Gretchens Mutter, Bruder, Neugeborenes und Gretchen selbst), ist das Ergebnis von Fausts Ausflug aus dem Reiche der Erkenntnis ins Reich des Begehrens und Genießens. Denn schuldhaftes, das heißt egoistisches Begehren und Genießen zieht als karmischen Ausgleich weltennotwendig Leid nach sich. Schmerzen (aber auch Krankheiten) sind, wie Rudolf Steiner ausführt, die Folgen der luziferischen Verführung, retten und heilen aber auch wiederum die Menschenseele vom luziferischen Bösen, weil sie dem Menschen zur Überwindung seines leichtfertigen und begehrlichen Egoismus behilflich und zur Gewinnung moralischen Verantwortungsbewußtseins dienlich sind.

Im zweiten Teil von Goethes Faust wirkt nun Mephisto im Sinne einer ahrimanischen oder, wie sie das Neue Testament nennt, satanischen Wesenheit. Ahriman ist der Geist der Verneinung, der Vernichtung, er ist der „Herr des Todes" (R. Steiner). In dem Grade, als der Mensch sich, durch Luzifer-Diabolos zum egoistischen Begehren verführt, von der guten, göttlich-geistigen Welt abkehrt, gerät er in den „Gravitationsbereich" der ahrimanisch-satanischen Macht, die, gleichsam aus Erdentiefen aufsteigend, sich hinter der verhärteten, toten Materie verbirgt. Luzifer zieht Ahriman nach sich. Schon das Alte Testament schildert diese Zusammenhänge, wenn es auf die Verführung Adams und Evas durch die „Schlange" die Ausstoßung aus dem lebenserfüllten „Paradiese" hinab zur steinigen, Dornen und Disteln tragenden Erde unmittelbar folgen läßt. Hier, im Bereich des „Kreuzes", versucht Ahriman zu herrschen, bis seiner Herrschaft, wenigstens grundsätzlich, durch das Mysterium von Golgatha (genauer gesprochen, durch die Auferstehung des Ostersonntages) ein Ende bereitet wird.

Im Zusammenhang mit der Doppelmacht des Bösen hat nämlich auch das Mysterium von Golgatha eine geheimnisvolle Doppelbedeutung und Doppelwirkung: Karfreitag und Ostersonntag. *Jesus Christus der Gekreuzigte* ist, als Urbild selbstloser Liebesopferung, das ausgleichende Gegenbild zur luziferischen Selbstsuchts- und Genußverführung. Das aus den Wunden des Erlösers fließende Blut heilt das vom Feuer der Leidenschaften verzehrte menschliche Blut (Gralsschale, Amfortas, Richard Wagners „Parzifal"). Hingegen ist *Jesus Christus der Auferstandene* eine Offenbarung höchster göttlicher Kraft, vor der alle ahrimanische Stoffesverdichtung und Todesherrschaft hinschmilzt. Die strahlende Farben- und Lichtgestalt des Auferstandenen (wie sie Grünewald einzigartig malte) ist Vor- und Zielbild einer der heutigen Verfinsterung eintrissenen und ganz in Licht verwandelten Leiblichkeit des Menschen und der ganzen Erde („terra lucida", Lichterde, im Gegensatz zu „terra opaca", Finsterniserde im Weltbild der Manichäer!). Das Karfreitagsmysterium bezieht sich daher vorwiegend auf das menschliche Innere und auf die seelisch-moralische Sphäre. Das Ostersonntagsmysterium jedoch besitzt durchaus eine kosmische, die ganze Erdennatur und den Menschenleib einbeziehende und bis in die stoffliche Beschaffenheit verwandelnde Bedeutung. Daher ist es den meisten Menschen heute noch so ferne.

Wie wir schon früher sahen, verbirgt sich das im Menschen wirkende Böse um so mehr vor dessen Blicken, je mehr es ihn beherrscht. Es breitet einen Schleier über sich selbst und versteckt sich hinter einem Illusionären. So glaubt Faust im ersten Teil von Goethes Dichtung dort am allerwenigsten Mephisto-Luzifer zu dienen, wo er von ihm gänzlich inspiriert ist: in der Gretchentragödie. „Her zu mir!" ruft Mephisto am Schluß der Kerkerszene – und Faust verläßt das zum Tode verurteilte, sich aber ganz in den Willen Gottes ergebende Gretchen.

Noch mehr verbirgt sich aber Mephisto-Ahriman vor den Menschen. Das ist ja gerade die Tragödie unserer von Wirtschaftsaufstieg, technischen Wundern und Verstandesklugheit begeisterten Zeit, daß sie nicht ahnt, wer da wirkt und sich auf den Wegen des technischen und intellektuellen „Fortschritts" der Menschheit, insbesondere des ewigen Menschen-Ich, endgültig bemächtigen will. Dies hat Goethe im zweiten Teil seines „Faust" meisterhaft geschildert. Mephisto-Ahriman ist dort so sehr verhüllt, daß zunächst nicht einmal der Leser immer weiß, wo er steckt. Denn Mephisto ändert hier dauernd nicht nur seine äußere Erscheinung, sondern sogar seinen Namen: In der Helena-Episode des dritten Aktes verbirgt er sich hinter der Gestalt der „Phorkyas", eines riesenhaften, dem Dunkel der Nacht entsteigenden, uralten, häßlichen Weibes; im fünften Akt erscheint er als „Aufseher" von Faustens Arbeitssklaven sowie als „Anführer" der „Drei gewaltigen Gesellen" (Raufebold, Habebald, Haltefest). – Sein tiefstes Wesen aber wirkt im „Anführer" der „Lemuren", denn hier ist er der „Herr des Todes", der Gebieter über alle in Mensch und Kosmos waltenden Zerstörungs- und Untergangskräfte.

Wird also Goethes Faust auf der Bühne richtig inszeniert, so muß den Mephisto im ersten Teil ein feurig-versucherisches Rot, im zweiten Teil ein trübes Schwarz kleiden. Er muß da wie in einer Wolke von Dunkelheit einherschreiten, verschiedenartig maskiert sein und sogar Gestalt und Größe verändern. So bildet seine Erscheinung einen Apell an die Wachheit, Erkenntniskraft und Geistesgegenwart des menschlichen Ich. Denn wird (den Ausführungen Rudolf Steiners entsprechend) Luzifer durch die Läuterung der moralischen Herzenskräfte besiegt, so ist die einzige Gegenkraft, die Ahriman gegenüber zunächst in Frage kommt: die Erkenntnis. Durchschaut man nämlich, wo und wie er überall zunächst im menschlichen Denken (als Materialismus, Nihilismus, Skeptizismus, Zynismus) und dann weiterhin in unseren öffentlichen Institutionen (Universitäten, staatlichen und kirchlichen Organisationen, Politik, Wirtschaft usw.) wirkt, so ist seine Macht bereits halb gebrochen.

Physiologisch-psychologisch wirkt Mephisto-Luzifer im warmen, roten Blute des Stoffwechselmenschen und den hier waltenden

Begierden. Mephisto-Ahriman hingegen hat seine Festung im kalten, blassen Knochen- und Nervensystem mit dem Schwerpunkt im Kopfe. Die Gefahren der Jugend sind luziferisch, und ihre Sünden hängen mit dem Geheimnis des Blutes und innersekretorischen Drüsensystems zusammen. Deshalb steht Faust im ersten Teil in der Lebensmitte und wird von Mephisto noch mehr verjüngt, im zweiten Teil hingegen ist er alt und schließlich ein hundertjähriger Greis. Heiße Begierden und Genüsse auf erotischem Felde kommen hier nicht mehr in Frage, dafür aber drohen die kalten Gefahren von Machtstreben, Geiz und unerbittlicher Herrschsucht. Und auch in diesen Hinsichten schildert Goethe uns seinen Menschheitsrepräsentanten Faust keineswegs als Musterknaben, sondern läßt ihn tief, sehr tief in die ahrimanischen Verstrickungen geraten.

Goethe hatte ein feines Verständnis für die Problematik des zivilisatorischen Fortschritts und blickte mit steigender Sorge auf die Entwicklung des modernen sozialen, kulturellen und wirtschaftlichen Lebens. Befaßt sich der erste Teil des „Faust" vorwiegend mit seelisch-moralischen, also der privat-persönlichen Sphäre angehörenden Problemen, so treten wir im zweiten Teil ganz hinaus auf den großen Plan der Öffentlichkeit: Wir sehen eine kaiserliche Hofhaltung, nehmen Teil an politischen und kriegerischen Entscheidungen und stehen vor Aufgaben der Bodengewinnung und Siedlung. Ja sogar Fragen des Staatshaushaltes, der Steuern und Finanzen entrollen sich vor unseren Blicken. Da erfindet denn nun Faust die Notenpresse und das Papiergeld, erringt durch Einsatz der „Drei gewaltigen Gesellen" einen Sieg über den Gegenkaiser und versucht sogar, Gestalten der Seelen-Welt (Paris und Helena) durch Magie im Sinnlich-Stofflichen sichtbar zu machen, das heißt zu materialisieren.

Darüber jedoch, daß alle diese Wunderwerke und Efolge dem Mephisto-Ahriman verdankt werden und den Menschen von der Wahrheit ab in eine Scheinwelt zu ziehen streben, daß wir es also in weiten Bereichen modernen Fortschritts mit „ahrimanischen Wundern" (Rudolf Steiner) zu tun haben – darüber läßt Goethe nicht den mindesten Zweifel. Mit solchen Hinweisen kann freilich keineswegs der ganze Inhalt von „Faust II" erschöpft werden. So wichtige

Gestaltungen wie Homunculus, klassische Walpurgisnacht, Helena-Episode müssen hier beiseite bleiben, obgleich auch da der Einfluß Mephisto-Ahrimans verborgen waltet. Am stärksten und tragischsten ist dies jedoch am Schluß des zweiten Teiles, im fünften Akt, der Fall, der zugleich eine der größten und reifsten Dichtungen Goethes darstellt. Nur vollkommene Blindheit kann behaupten, hier, im fünften Akt, lege Goethe ein Bekenntnis zu seinem eigenen, höchsten Mannes- und Menschheitsideal ab, und dieses Ideal sei verkörpert im – alten Faust. Ganz im Gegenteil! Denn was ist und tut dieser greise Faust?

Wenn auf der Bühne der Vorhang zum fünften Akt aufgeht, sehen wir auf einer kleinen Anhöhe, umschattet von alten Linden, ein Kirchlein und daneben die schlichte Hütte des greisen Ehepaares Philemon und Baucis, wo eben ein müder Wanderer gastliche Aufnahme findet. Es wird Abend. Die im Meere versinkende Sonne vergoldet die Wipfel der Bäume und Philemon spricht:

> *Laßt uns zur Kapelle treten,*
> *Letzten Sonnenblick zu schaun!*
> *Laßt und läuten, knien, beten*
> *Und dem alten Gott vertraun!*

Noch einmal steht vor unseren Blicken die alte, aus Urzeiten herüberragende und noch mit Gott-Vater verbundene Kultur und Natur: Die alten, naturgewachsenen Bäume, das alte Kirchlein und die einer alten Zeit angehörenden frommen, auf ihr gutes Recht vertrauenden Menschen. Alles ist Ausdruck der ehrwürdigen Tradition und organisch gewachsenen Kultur des alten Europa, des christlichen Abendlandes.

Aber dieser alten Welt droht der unaufhaltsame Untergang durch zweiflerischen Intellekt, materialistische Naturwissenschaft und technisch-soziale Revolutionen. Rationalismus und französische Aufklärung im 18. Jahrhundert, mitteleuropäisch-englischer Materialismus, Darwinismus, Häckelismus und Marxismus im 19. Jahrhundert sowie schließlich im 20. Jahrhundert die großen Finanz-, Wirtschafts-, Staats- und Weltanschauungsdiktaturen Amerikas,

Deutschlands und Rußlands graben dieser alten Welt das Grab. Das ehrwürdige Abendland als Erbe ältester Kulturen Griechenlands, Ägyptens, Babyloniens, der israelischen Propheten und des persischen Zarathustra geht dahin und wird zwischen den Mühlsteinen von Bolschewismus und Amerikanismus langsam zerrieben.

Und der hundertjährige Faust ist durchaus ein Repräsentant dieser Mächte! Er gerät in Wut über das Läuten der Glocken, ihm sind die alten Linden und die frommen Leute ein Dorn im Auge, weil dieses kleine Gebiet ihm, dem Weltbesitzer, noch nicht gehört und ihm, dem Menschheitsherrn, noch nicht gehorcht – und er läßt alles durch die „Drei gewaltigen Gesellen" Mephistos mit Raub- und Feuersmacht hinwegfegen. Zwar gibt er vor, die alten Leute großmütig schonen und mit neuem Lande begnaden zu wollen, aber dies ist nur eine ahrimanische Täuschung, durch die er seine wahren Absichten vor sich selbst verbirgt. Denn nun ist er ja ganz von Mephisto-Ahriman überschattet. Daher lautet auch sein Glaubensbekenntnis durchaus diesseitig-materialistisch:

> *Der Erdenkreis ist mir genug bekannt,*
> *Nach drüben ist die Aussicht uns verrannt.*
> *Tor, wer dorthin die Augen blinzelnd richtet,*
> *Sich über Wolken seinesgleichen dichtet!*
> *Er stehe fest und sehe hier sich um!*
> *Dem Tüchtigen ist diese Welt nicht stumm.*
> *Was braucht er in die Ewigkeit zu schweifen!*
> *Was er erkennt, läßt sich ergreifen.*

So spricht Faust, in tragischer Verkennung der wirklichen Sachlage: denn er steht unmittelbar vor der Todesschwelle und dem Hinübergang in höhere, geistige Welten. In ihm und um ihn waltet eine finstere Geisteswesenheit (Mephisto) mit ihren untersinnlichen Dämonen (Lemuren), und von oben her bereiten sich Engelwesenheiten dazu vor, ihn aus den Klauen der ahrimanischen Dämonen zu erretten und in göttliche Sphären emporzutragen. Faust jedoch ist geistig so erblindet und so ganz von seiner Macht und von seinen vermeintlich „unvergänglichen" Erdentaten besessen, daß er von

alledem nichts merkt. Während die Lemuren bereits sein Grab schaufeln, glaubt er Zeuge unsterblicher, seinem eigenen Geist entsprungener Werke zu sein. Und wie sehen jene Werke aus und mit welchen Mitteln will er sie verwirklichen?
Mächtige Dämme will er bauen, neues Land dem Meer abringen und vielen Millionen dadurch Lebensmöglichkeiten geben. Aber ähnlich wie in den modernen Diktaturen sind auch für Faust die einzelnen Menschen lediglich Mittel für seine Baupläne. In gottlosem Stolz sieht er sich als Menschheitsbeglücker, als Schöpfer eines neuen Paradieses. Ob die Menschen selbst das wollen und ob es sie glücklich und zufrieden macht – danach wird nicht gefragt. Mögen immerhin bei der Ausführung dieser grandiosen Bauvorhaben Hunderttausende elend zugrunde gehen – wenn nur künftige Geschlechter den Gewinn davon haben. Faust denkt hier wie alle diktatorischen Menschheitsbeglücker und verfällt in den Fehler von allen: Denn das erstrebte Paradies wird nie erreicht, weil eine Generation nach der anderen einem gefräßigen Moloch (Mephist-Ahriman) geopfert wird. „Menschenopfer mußten bluten, nachts erscholl des Jammers Qual..." so erlebt Baucis die *menschliche* Seite der technischen Utopien.
Mephisto grinst über diese Bauvorhaben, denn er weiß es anders. Er weiß, daß der Mensch mit allen seinen stofflichen Werken nur ihm, Mephisto-Ahriman, dem Geist der Verneinung und Vernichtung, in die Hände arbeitet, und das um so mehr, je ausschließlich er lediglich an die Realität des Stofflichen glaubt und sein Geistig-Ewiges vernachlässigt.
Dieses ist die ungeheure Tragik der modernen Menschheit, die, begeistert von den Fortschritten der Zivilisation nicht sehen will, wie der Mensch auf dreierlei Weise am Grabe seines Menschseins schaufelt: 1. durch materialistisch-darwinistisch-marxistische Wissenschaft, Pädagogik, Medizin und Sozialtheorie, 2. durch die absolute Mechanisierung und Technisierung des täglichen Lebens, 3. durch die daraus als reife Frucht hervorgehende Kriegsindustrie, die schließlich in der Entfesselung der Atomenergie gipfelt.
Der vom göttlichen Geist abgewandte und von Mephisto-Ahriman

inspirierte menschliche Intellekt wird in unermeßlicher Klugheit und erstaunlicher Zähigkeit nicht müde, Dinge zu ersinnen, die in letzter Hinsicht das geistig-moralische und das seelisch-leibliche Dasein des Menschen untergraben. Hierher gehören neben den oben genannten Dingen auch manche Erziehungs- und Prüfungsmethoden unserer Schulen, manche medizinischen Heilmittel, manche sozialen und politischen Maßnahmen heutiger Regierungen.

Das alles aber geschieht keineswegs in böser Absicht, sondern „nach bestem Wissen und Gewissen". Und so ist es auch mit Faust: Er ist zwar kein „Unschuldsengel" oder „Musterknabe", aber auch keinesfalls ein Bösewicht. Beides wäre ja auch kein Gegenstand für eine echte tragische Dichtung. Faust ist vielmehr Mensch, genauer Mensch unserer Geschichtsepoche. Deshalb muß er wohl den luziferischen Begierden-Sünden, als auch den ahrimanischen Denk-Irrtümern begegnen und sich mit ihnen auseinandersetzen. Wie erstere im Hinschauen auf den Gekreuzigten überwunden werden können, zeigt uns Gretchens selbstloses Blutopfer. Wie aber kann Faust seine Erkenntnis-Irrtümer durchbrechen, die seinen Geist verdunkeln und seinen Willen zu unmenschlichen Taten führen? Während des Erdendaseins gelingt es ihm nicht, da bewahrt ihn allein sein „strebendes Bemühen" davor, Mephisto-Ahriman ganz zu verfallen. Nach seinem Tode jedoch schaut er die Wahrheit einer geistigen Welt, die ihm nun Mephisto-Ahriman nicht mehr durch Kantische Erkenntnisgrenzen verbergen kann.

Auf die Frage jedoch, wie wir bereits im Erdendasein Mephisto-Ahriman im rechten Gleichgewicht halten können, finden wir eine Antwort nur dort, wo uns unser eigenes Erkenntnisstreben zu einer Erkenntnisauferstehung führt, wo wir im Tode des Intellekts das Leben des Auferstandenen finden.

Das hier in Frage Stehende kann auch noch von einem andern Gesichtspunkt beleuchtet werden: Die eine Macht des Bösen (Luzifer-Diabolos) verstärkt in gewissem Sinn das menschliche Ich- und Persönlichkeitsgefühl, freilich lediglich im egoistischen, auf die verschiedenen Ebenen der „Genüsse" (leibliche, seelische, geistige Genüsse!) gerichteten Sinne. Vergangene, mehr bürgerlich-individualistische Zeiten waren diesen Versuchungen besonders ausgesetzt. Demgegenüber kommt nun der Gegenschlag der anderen Macht des Bösen, Satanas-Ahriman. Heute kann man daher hören: Der Einzelne gilt nichts, er soll der Gemeinschaft, dem Kollektiv, dem wirtschaftlichen Fortschritt sich aufopfern. Persönliche Freiheit im selbständigen Erkennen, moralischen Verantworten und wirtschaftlich-kaufmännischen Planen kommt nicht in Frage: Der Staat denkt, verantwortet, plant und wirtschaftet. Privat-Recht und Privat-Besitz, die höchsten Ideale der Vergangenheit und die Ansatzpunkte luziferisch-ichsüchtiger Verführung, gelten heute als etwas zu Überwindendes. Feilich überwindet man damit die Offenbarungen des Egoismus, aber keineswegs diesen selbst, und überdies vernichtet man mit dem Egoismus zugleich das Ego, den Kern der menschlichen Individualität.

Darauf zielt aber Mephistopheles-Ahriman ganz besonders ab, obgleich er sein wahres Ziel unter den verschiedensten Phrasen von „sozialem Fortschritt", „Überwindung des bürgerlichen Liberalismus", „Beseitigung religiösen Aberglaubens" (gemeint ist das Christentum) sorgfältig verbirgt. Durch Erziehung (Schulung) versucht man nach und nach einen ichlosen, leichtlenkbaren Menschentypus zu züchten, während man den alten, bürgerlichen Persönlichkeitstyp entweder direkt oder indirekt ausrottet. So hofft man, allmählich die Menschen von ihren göttlich-geistigen Ursprüngen und Wesenswurzeln abzuschneiden und gänzlich zu verirdischen.

Dies geschieht jedoch keineswegs nur durch pädagogisch-politische Maßnahmen, sondern auch durch Eingriffe, von denen man das am wenigsten erwarten möchte: Viele sogenannte Heilmittel der allermodernsten Medizin haben nämlich, abgesehen von ihren bakterientötenden Eigenschaften, eine verhärtende Wirkung auf die menschliche Leiblichkeit und drängen dadurch indirekt die Kräfte des übersinnlichen, geistig-seelischen Menschen zurück. So wird es den Menschen-Ichen immer schwerer gemacht, in ihren Leib und durch diesen Leib in das Erdendasein in schöpferischer Gedanken-, Gewissens- und Persönlichkeitskraft einzugreifen. Das heißt: die Menschen werden allmählich zu unpersönlichen Leistungsmaschinen, Robo-

tern, Apparatschiks. Es gibt heute schon wissenschaftliche Bücher über Sulfonamid- und Penicillinschäden. Aber diese Schäden auf dem medizinisch-leiblichen Gebiete sind nur ein Teil der viel bedenklicheren Schäden in der Sphäre der Persönlichkeit und des Ich.
Bei der sogenannten Leukotomie oder Lobotomie (einem chirurgischen Eingriff, bei dem gewisse Nervenbahnen im Stirnhirn durchschnitten werden) wird schließlich die Wirksamkeit der menschlichen Persönlichkeit nicht nur geschädigt, sondern völlig ausgeschaltet. Man kann von einer „Exstirpation des Ich" sprechen. Man vollzieht diesen Eingriff, um gewisse, mit Erregungszuständen, Zwangsgedanken und Halluzinationen verbundene Geisteskrankheiten zu „heilen". Gewiß, der Patient verliert durch den Eingriff diese Erscheinungen, oder besser, er hat sie nach wie vor, nur schwächer und so, daß sie ihn gleichgültig lassen. Aber dies ist nur möglich, weil seine Persönlichkeit (sein Ich) weitgehend ausgeschaltet ist. Er kann nun zwar (oder lernt es nach dem Eingriff und einem vorübergehenden Verlust wieder) sprechen, schreiben, ja sogar eine einfache Tätigkeit ausüben, ist aber im Grunde genommen ein leeres, automatisiertes, entmenschtes, weil seines Ich-Kernes beraubtes Gehäuse. Kurz: man hat die Krankheit „geheilt", indem man den Patienten in seiner Menschlichkeit mordete. – Viele, heute übliche Maßnahmen bewegen sich auf derselben Ebene. Der Kampf Ahrimans um den Menschen, den Goethe so grandios schildert, ist in vollem Gange.

SECHSTES KAPITEL

In der Hexenküche / Hintergründe der Erotik

Kehren wir zum ersten Teil zurück. Faust verzweifelt in der lebentötenden Enge der „Studierstube", die nichts anderes ist als eine Imagination des menschlichen Schädels, des Gehirns. Das heißt: der Repräsentant der modernen Menschheit verzweifelt an der Möglichkeit, mittels des gehirngebundenen, dem Irdischen verhafteten Denkens die Schwelle zur geistigen Welt überschreiten und zu den Quellen des Lebens gelangen zu können. Zwar bewahrt ihn vor dem Selbstmord der Klang der Osterglocken (das Mysterium von Golgatha), sogleich aber drängt sich nun an ihn Mephisto heran, um mit ihm den „Blutspakt" abzuschließen.
Auch Mephisto nämlich will Faust aus der lebentötenden Enge der Studierstube erretten und zu den Quellen des Lebens führen. Während aber der Auferstandene des Ostermorgens das gehirn- und erdverhaftete Denken des modernen Menschen verwandeln, zu den höheren Formen eines wachen, schauenden ichdurchdrungenen Erkennens emporheben und dadurch mit dem kosmisch-göttlichen Leben in einer „geistigen Kommunion" vereinigen möchte, strebt umgekehrt Mephisto danach, dem Menschen das Erkenntnisstreben überhaupt zu verleiden und ihn aus der „Studierstube" seines Kopfes in das niedere Trieb- und Leidenschaftsgebiet unterhalb des Zwerchfelles herabzuziehen. In diesem Bereiche soll Faust nunmehr die „Quellen des Lebens" suchen. Sein Ichbewußtsein soll soweit umnebelt werden, daß er hier Befriedigung findet und dadurch der mephistophelischen Macht in ihrer luziferischen Erscheinungsform endgültig verfällt. In Vorfreude sagt Mephisto:

> *Verachte nur Vernunft und Wissenschaft,*
> *Des Menschen allerhöchste Kraft;*
> *Laß nur in Blend- und Zauberwerken*

> *Dich von dem Lügengeist bestärken,*
> *So hab ich dich schon unbedingt.*

In meisterhafter Weise schildert nun Goethe in den folgenden Szenen eine mephistophelisch-luziferische „Einweihung", die den Menschen, mit Herabdämpfung seines Ichbewußtseins und mit Umnebelung seines verantwortungsbewußten Erkennens, in ein „Meer von Wahn" versenken möchte. Auch eine solche „Einweihung" überschreitet „Schwellen" und führt zu „Erleuchtungen" und „Einweihungen" in verborgene Welten, wacht aber zugleich ängstlich darüber, daß der Mensch nicht durchschaut, *wohin* er gerät und *was* sich vor seinem geistigen Auge abspielt. Daher gebraucht Goethe hinsichtlich der nun folgenden Szenen immer wieder Worte wie: „Wahn", „Fieberwahn", „Narrenchor", „Traum- und Zaubersphäre" und läßt Faust befürchten, verrückt zu werden und sich selbst zu vergessen.

Bis in Einzelheiten ist in diesen Goetheschen Schilderungen nichts bloße dichterische Phantasie und Willkür, sondern alles wirklichkeitsgemäß. In *vier Schritten* vollziehen sich diese Schwellenübergänge und Einweihungen. Zunächst führen sie uns vom Kopfe abwärts ins menschliche Innere, also in die Geheimnisse einer okkulten Physiologie und Psychologie (Auerbachskeller, Hexenküche). Dann führen sie aus dem menschlichen Inneren hinaus in eine objektive, wenn auch niedere geistige Welt („Astralplan", romantische Walpurgisnacht, Blocksberg). Schließlich steigen wir mit Faust ins Reich der „Mütter" und schauen dort in gewaltigen Bildern große geschichtliche Vergangenheiten (Akashachronik, Beschwörung von Helena und Paris) sowie mystische Gestalten und Elementarwesen (Klassische Walpurgisnacht). Wir versuchen im folgenden einiges etwas näher auszuführen, hoffend, der Leser werde dadurch veranlaßt, sich „seinen Faust" wieder einmal gründlich vorzunehmen.

Der Auerbachskeller, in den Mephisto zunächst Faust führt, ist nicht zufällig ein „Keller" und als solcher Abbild der Region unterhalb des Zwerchfells, also des Bauches. Auch in den Grimmschen Märchen spielen die Kellergelasse verzauberter Schlösser eine wichtige Rolle, in die der Prüfling sich hinabwagen und deren wilde Tiere er bezähmen muß, ehe es ihm gelingt, das Schloß (das heißt den ganzen Menschen) zu erlösen und den verborgenen Goldschatz zu heben. Weite Bereiche der modernen Tiefenpsychologie und Psychoanalyse haben es gleichfalls mit diesem „Keller" und den in ihm hausenden Kräften und Wesen zu tun. Auch die Biographen mittelalterlicher Heiliger wissen von diesem „Kellergewölbe" zu berichten. Was ihm entsteigt, ist zum Beispiel in den „Versuchungen des heiligen Antonius" geschildert, wie sie uns Grünewald, Pieter Breughel und Hieronymus Bosch malerisch darstellen.

Das ist keineswegs zufällig oder belanglos. Zu allen Zeiten wußte man nämlich: Erstrebt ein Mensch den Schwellenübertritt in höhere geistige Welten, so muß er vor allem Selbsterkenntnis erlangen. Diese gewinnt er aber nur, wenn er sich nicht scheut, zunächst einmal in die verborgenen, nur zu gerne vergessenen und verdrängten Bereiche seines eigenen Wesens hinabzusteigen. Der Blick in das Kellergelaß, in die Drachenschlucht, ja der Abstieg dahin und der Kampf mit ihren Kräften und Wesen soll und kann ihm nicht erspart werden. Hat er nun in langen Jahren der Vorbereitung die dazu nötige Weisheit und Kraft seines Ichs errungen, so vermag er angesichts der furchtbar-versucherischen, dort auf ihn einstürmenden Gestalten gelassen zu bleiben und sein Ich festzuhalten. Andernfalls wird ihm dieses in einem Wirbel von Begierde und Lust, von Angst und Grauen entrissen und er wird künftighin nicht als Erleuchteter und Eingeweihter, sondern als pathologischer Schwärmer, als Medium oder gar als Geisteskranker seinen Weg durchs Leben nehmen.

In der Tat grenzen Einweihung und Geisteskrankheit nahe aneinander und haben auch wiederum Beziehungen zu gewissen Träumen, Fieberphantasien und Rauschzuständen. Bekannt sind die pathologischen Tiervisionen, die durch den Mißbrauch von Alkohol (Säuferwahnsinn, Delirium tremens) oder Kokain erzeugt werden; bekannt weiterhin die Traumbilder von engen Höhlen, Schlangen und Drachen, die aus überfüllten oder mangelhaft funktionierenden Eingeweiden aufsteigen und den Schläfer schweißgebadet erwachen lassen;

bekannt weiterhin die Hexen- und Tierträume entwicklungsgeschädigter Kinder; bekannt schließlich die mehr oder weniger großartigen Dämonen-, Drachen- und Tiervisionen bei verschiedenen Geisteskrankheiten. Alle diese Gestalten und Ereignisse lernt auch der auf dem Wege zur Erleuchtung und Einweihung begriffene Geistesschüler kennen, denn alles dieses bezieht sich auf ganz bestimmte reale Gegebenheiten der mikrokosmischen und makrokosmischen Welt. Was jedoch den Geistesschüler vom Berauschten, Fieberkranken, Träumenden und Geisteskranken denkbar scharf unterscheidet, ist Bewußtseinsgrad, Urteilsfähigkeit und Entschlußkraft des Ichs. Der Geistesschüler weiß, daß das, was er da an versucherischen oder furchtbaren Gestalten schaut, größtenteils Spiegelung seines eigenen ungeläuterten Innern ist. Er tritt ihnen ruhig entgegen und versucht, sie willenskräftig zu verwandeln und zu entzaubern. Der Fieberkranke, Träumende, Berauschte oder Geistesgestörte hingegen hält sie für äußere, materielle Wirklichkeiten, verliert ihnen gegenüber jeden Abstand, wird von ihnen besessen und in einen Taumel von Begier oder Entsetzen gerissen.

Immanuel Swedenborg, der große schwedische Naturforscher und Eingeweihte, erzählt diesbezüglich ein gutes Beispiel aus seinem eigenen Leben. Einst, als er noch Materialist und sein geistiges Auge noch geschlossen war, speiste er in einem Keller in London. Er war sehr hungrig und schlang Speise und Trank gierig hinunter. Plötzlich verdunkelten sich seine äußeren Sinne, und er sah den Boden um sich her mit scheußlichen Tieren, Spinnen, Schlangen, Kröten, Würmern bedeckt. Alsbald erblickte er auch sich gegenüber eine große Mannesgestalt, die ihm gebieterisch zurief: „Iß nicht so viel!" In ruhiger, verstehender Gelassenheit (so erzählt uns Swedenborg) nahm er diese Ereignisse hin, hatte er sich doch in seinem langen Leben diejenige Ichkraft angeeignet, die ihn reif zum Überschreiten der Schwelle machte und der gemäß er wußte: Was ich hier unter mir am Boden sehe, ist Spiegelung meines eigenen niederen Wesens, was mich da aber in Gestalt des großen Mannes anspricht, ist Ausdruck meines nach aufwärts strebenden moralischen Gewissens. Jedenfalls stand Swedenborg hier an einem Punkte seiner Lebensbahn, wo sich der

Weg zur Erleuchtung und Einweihung vom Wege zur Traumphantastik und Geisteskrankheit scheidet.

In solche Regionen dringen wir nun freilich in Goethes „Auerbachskeller" noch nicht vor. Hier sehen wir lediglich fressende und saufende Studenten, die in sehr drastischer Weise die „Studierstube" ihres denkenden Kopfes zugunsten ihres verdauenden Bauches verlassen haben. Sie sind primitivste Gegenbilder Fausts, oder eigentlich Wagners. In ihrem rülpsenden Sprechen und gröhlenden Singen spiegeln sich die aus Magen, Leber und Dickdarm aufsteigenden organischen Funktionen. Ganz besonders aber spiegeln sich diese in den von solchen Freß- und Saufgelagen untrennbaren „Zoten". Es gibt sehr verschiedene Arten von Heiterkeit und Witz: Die eine Art ist Ausdruck der blendenden Gedankenschärfe des Gehirns, die andere Ausdruck der animalischen Funktionen unterhalb des Zwerchfelles, abwärts von Magen, Leber und Darm bis hinab zur Genitalsphäre. Letztere besonders ist die eigentliche Schöpferkraft unzähliger Zoten.

Wo solche Kräfte im Menschen entfesselt werden und gleich brauenden Wolken von unten her aufdampfen, da wird schließlich die Kopfregion umnebelt und das klare Denken und moralische Gewissen ausgeschaltet. So ist es bei den Studenten im Auerbachskeller: Sie sind lediglich „redende Bäuche", die Köpfe sind fort. Durch diese Region kann natürlich Mephisto Faust nicht fesseln. Solche Formen des Genusses und der Illusion sind zu primitiv für ihn; angewidert strebt er fort.

Was sich äußerlich, exoterisch, ereignet, wenn im Menschen der Bauch statt des Kopfes herrscht, zeigt der „Auerbachskeller". Was hingegen in solchen und ähnlichen Fällen innerlich, okkult, esoterisch geschieht, das schildert uns die „Hexenküche". Hier haben wir bis in Einzelheiten der poetischen Bilder und Worte eine meisterhafte Darstellung eines ganz bestimmten Gebietes der okkulten Physiologie. Diese führt uns über die Organe der Verdauung herab zu den Organen der inneren Sekretion. Zu Goethes Zeit wußte man hiervon nicht viel. Heute beherrscht die Lehre von den innersekretorischen Drüsen weite Bereiche der modernen Medizin und Psychologie. Sind doch die in die Körperflüssigkeiten erfolgenden Ausscheidungen dieser Drüsen nicht nur die Steuerungs- und Antriebsenergien („Hormone") für Wachstum, Ausgestaltung und Tätigkeit aller leiblichen Organe, sondern auch die Steuerungs- und Antriebsenergien für das ganze Seelenleben und äußere Handeln des Menschen. Man sage also nicht: „Innersekretorische Drüsen sind etwas Niederes, Grobstoffliches, Ungeistiges, – was haben sie in Goethes Faust zu suchen?" Nein, keineswegs! Was wir diesbezüglich als Anatomen in die Hand nehmen oder als Chemiker analysieren, ist nur die in die Maja der Stofflichkeit gehüllte Außenseite ungeheurer, jeweils in Menschheitshöhen oder in Menschheitstiefen führender Geisteskräfte, die ihren würdigen Ort im „Faust" finden können und dürfen.

Man vergesse nicht: unmittelbar auf die „Hexenküche" folgt die erste Begegnung Fausts mit Gretchen. Im okkult-übersinnlichen Bereiche der Hexenküche wurde der Trank gebraut, der nun in Faustens Leibe zu einem „wilden Feuer" wird, das ihn von „Begierde zu Genuß taumeln" und „im Genuß nach Begierde verschmachten" läßt. Aus den Begierdenkräften dieses Trankes formen sich ihm erotische Phantasiebilder und zwingen ihn „in jedem Weibe" Helena (das griechische Schönheits- und Verführungsideal) zu erblicken. Aber auch in Gretchen wirkt, nur in anderer Weise, dieser Trank, ist sie doch, wie Faust zynisch bemerkt, „über vierzehn Jahr schon alt", hat also die Pubertät bereits absolviert.

Die „Hexenküche" führt uns in den untersten Bereich des Stoffwechselsystems, in die Region der Sexualität. Diese ist beim Kinde noch unentwickelt. Kinder sind asexuelle oder übersexuelle Wesen, denn das Reinmenschliche wirkt noch in ihnen. Erst mit der Pubertät beginnt *das* Feuer zu glühen und *der* Kessel zu wallen, von dem uns Goethes „Faust" berichtet. Phantastische Gestalten weben in seinen aufsteigenden Dämpfen, und abenteuerliche Tiere umspringen ihn und warten sein. Äußerlich betrachtet, sind es unappetitliche Substanzen, die da im Kessel brauen, ihre geistig-magische Wirkung jedoch ist so beschaffen, daß Faust im Zauberspiegel den nackten Leib eines überirdisch schönen Weibes erblickt und von unstillbarer

Sehnsucht danach ergriffen wird. Edle Liebe zur hohen Schönheit kämpft in ihm fortan mit den niederen Trieben hemmungslosegoistischen Begehrens. Beide wurzeln in der magischen Doppelwirkung der „Hexenküche", und beide haben in der geheimnisvollen Doppelgestalt der „Helena" ihr Gegenbild. Der Name „Helena" sei ja, wie Rudolf Steiner einmal bemerkt, mit „Hel" (Hölle, Teufelsreich) sprachlich verwandt. Hinter dem Schönen steht also das Geheinmis des Bösen. (Was einem Menschen begegnen kann, der unvorbereitet in den Mikrokosmos seiner inneren Organe „mystisch" hinabsteigt, hat ein Chemieprofessor erlebt und geschildert. L. Staudenmaier: Magie als experimentelle Naturwissenschaft. Leipzig 1922, Neuaufl.)
Goethes Schilderungen der Hexenküche weisen überall darauf hin, daß wir hier das Reich der Vernunft zugunsten eines Reiches der Unvernunft, der Fieberphantasien, ja des Wahnsinnes verlassen. Das muß man so verstehen: Im menschlichen Haupt wirken geordnete Gedanken, die den mathematischen Ordnungen des Planeten- und Fixsternhimmels verwandt sind. Wir sind hier im Bereiche des griechischen Sonnengottes Apollon. Dieser inspiriert im Menschen alles Vernünftig-Geordnete und Maßhaft-Geformte. Der Mensch wäre jedoch nicht voller Mensch, wenn ihn nicht auch Apollons Gegenspieler, Dionysos, inspirierte. Diesem sind berauschende Getränke und orgiastische Rasereien heilig. Appollon den hellen Tag und das klarwache, dem Sternenhimmel verwandte mathematische Denken, so waltet Dionysos in der Nacht und wirkt in blutshaften, aus dem unteren Menschen aufsteigenden und dem Irdisch-Unterirdischen verwandten Bildern, Trieben und Leidenschaften. Auch diese haben ihre eigentümliche Gesetzlichkeit, Vernunft und Logik, die nur im Vergleich zur Logik des Hauptes und Denkens wie Unlogik und Wahnsinn erscheinen. Das „Hexeneinmaleins" in Goethes Faust weist uns auf die scheinbare Unlogik in den menschlichen Blutsleidenschaften hin, hinter denen sich jedoch ein sehr „logischer", das heißt zielbewußter Wille verbirgt, der das auf seine Vernünftigkeit so stolze „Ich" täuscht und an der Nase herumführt. Moderne Liebes- und Ehegeschichten und die entsprechenden psy-

choanalytischen Enthüllungen wissen davon ein Lied zu singen. Aber auch die Gretchentragödie im „Faust" gehört durchaus hierher.
Was Faust mit seinem denkenden Haupte in der Studierstube vergeblich suchte, das soll ihm nun durch Inspirationen aus den Tiefen seines Blutes und Stoffwechsels zuteil werden. Er müßte jedoch zu diesem Zwecke sein waches Ich ausschalten und sich, nach Art antiker Sibyllen oder moderner Medien, einer Art Trancebewußtsein, rauschartiger Ekstase oder Wahnsinnsentrückung hingeben. Dann verheißt ihm die Hexe:

> *Die hohe Kraft*
> *Der Wissenschaft,*
> *Der ganzen Welt verborgen!*
> *Und wer nicht denkt,*
> *Dem wird sie geschenkt,*
> *Er hat sie ohne Sorgen.*

Dann hätte Mephistopheles-Luzifer unumschränkte Macht über Faust, denn Faust hätte die strebende Kraft seines wachen Ich preisgegeben, sein Kopf wäre ihm zersprungen. Aber er merkt es rechtzeitig, kann sein Ich festhalten und sein Haupt bewahren, daher antwortet er:

> *Was sagt sie uns für Unsinn vor?*
> *Es wird mir gleich den Kopf zerbrechen.*
> *Mich dünkt, ich hör ein ganzes Chor*
> *Von hunderttausend Narren sprechen.*

Wenn Faust auch nicht voll durchschaut, was da in der Hexenküche in ihm aufsteigt und um ihn geschieht, so kann er sich hiervon doch soweit distanzieren, daß ein gewisser höherer Teil seines Ich wach und strebend bleibt, und schließlich, trotz Hexenküche und Gretchentragödie, nur teilweise, nicht ganz, dem Mephisto verfällt.
Je tiefer man in Goethes Dichtung eindringt, desto bedeutsamer wird sie für das Verständnis unserer Gegenwart. Gleich Faust sind heute viele Menschen unbefriedigt von der Nüchternheit des intellektuellen Denkens, von der Sinnlosigkeit unseres materialistischen Weltbildes und vom Leerlauf der alltäglichen Geschäftigkeit in Beruf und Geld-

verdienen. Wo dies am stärksten ist, in den USA, macht sich heute die Sehnsucht nach dem Geheimnisvollen, Mystischen, Magischen besonders geltend. Da man die Schwelle zur geistigen Welt durch eine geistige Anstrengung nicht selbst überschreiten will, bedient man sich medialer Persönlichkeiten, die unter Ausschaltung ihres Ichs zu Sprachrohren jenseitiger Welten zu werden suchen. In vielen Ländern gibt es heute Schulen zur Ausbildung medialer Begabung. Dem verwandt ist das immer stärkere Erwachen des Interesses für indischen Yoga oder für tibetanisches Zauberwesen. Immer mehr Asiaten, besonders Inder, begeben sich heute nach den USA, um dort Meditations- und Yogaschulen einzurichten. Auch der Gebrauch spezifischer Rauschgifte gehört hierher (vgl. K. *Beringer*, Der Meskalinrausch, Berlin 1927, *Castaneda*, Eine andere Wirklichkeit, Frankft. M. 1973).

Kommt nun ein Mensch in mediale oder rauschähnliche Entrükkungszustände, so kann er das Abstreifen aller Erdenmühen und Verstandesgedanken so recht genießen. Er läßt sich von Wesen aus anderen Welten inspirieren und braucht sich nicht mehr aus eigener Kraft um Erkenntnisse bemühen. Voll Stolz und im Bewußtsein seiner „göttlichen Begnadung" blickt er auf andere Menschen herab. Nur wenigen sind heute schon die ungeheuren Gefahren dieses Weges deutlich. Gewiß, manchen Menschen werden oft in überreichem Maße „geistige Erlebnisse" gegeben, aber sie werden von diesen wunderschönen Erlebnissen immer mehr umstrickt und schließlich ihres wahren Ichs beraubt. Sie geraten in „okkulte Gefangenschaft" derjenigen Wesen, die wir die Diabolisch-Luziferischen nannten. Diese Wesen suchen besonders nach dem Geistigen strebenden Menschen in ein illusionäres Geistiges zu verstricken und sie dadurch für alles wahre, göttliche Geistige endgültig untauglich zu machen. Sie appellieren in raffinierter Weise an Geistes-Hochmut, Geistes-Stolz und Geistes-Genuß, haben es also auf eine Steigerung der Egozentrik abgesehen. Daß sich in diese Geisterlebnisse Erlebnisse auf ganz anderen und sehr leiblichen Sphären, besonders aus der Geschlechtssphäre, einmengen, bleibt solchen Menschen vollends ganz verborgen.

Das gilt zum Beispiel auch schon für viele mittelalterlich-christliche Mystiker. Was heute jeder durch die Schule der modernen Psychologie (Nietzsche, Tiefenpsychologie, Psychoanalyse) gegangene Mensch ohne weiteres durchschaut, blieb jenen, von ihren „wunderbaren Visionen" und „schönen Gefühlen" berauschten Mystikern absolut verborgen. Hierfür ein Beispiel. Mechthild von Magdeburg (1212-1277) schildert ein mystisches Gespräch zwischen Gott und der menschlichen Seele:

Gott: „Sei willkommen, liebe Taube, du bist so sehr geflogen im irdischen Reich, daß deine Schwingen gewachsen sind fürs himmlische Reich. Du schmeckst wie die Weintraube, du riechst wie ein Balsam, du leuchtest wie die Sonne, du bist der Zuwachs meiner höchsten Liebe."

Die Seele: „O du gießender Gott in deiner Habe! o dufließender Gott in deiner Liebe! o du brennender Gott in deiner Begier! o du schmelzender Gott in der Einigung mit deiner Geliebten! o du ruhender Gott an meinen Brüsten, ohne den ich nicht sein kann!"

Gott: „Du bist mein Lagerkissen, mein liebliches Bett, meine heimliche Ruhe, meine tiefste Begier, ein Bach meinem Brande."

Nur ganz große Gestalten, wie die heilige Theresia von Avila, waren gegenüber solchen Erlebnissen wegen des in ihnen enthaltenen Genußmomentes mißtrauisch. Sie blickten unbeirrbar zum Kreuze auf Golgatha empor und wußten: Das wahre Göttlich-Geistige geht in Willensopferkraft durch Erdenleid und Erdentod hindurch zur Auferstehung, nicht aber schwelgt es in schönen Bildern und Gefühlen.

Gering wiegt es, wenn der Mensch der Sinnlichkeit und dem Egoismus innerhalb seiner Leibessphäre dient, denn hier ist dieses bis zu einem gewissen Grade berechtigt. Schwer aber wiegt es, wenn er solche Stimmungen in den seelischen Bereich hineinträgt und schließlich damit sogar das religiöse Erleben fälscht. Dann ist in ihm, wie in sehr vielen angeblich „religiösen" Menschen, die Widersachermacht Diabolos-Luzifer (nur in etwas anderer Hinsicht als in der Hexenküche Fausts) tätig.

Obzwar nun, im Vergleich zu vergangenen Zeiten, unser Zeitalter im Hinblick auf seine verstandesmäßige und technische *Außenseite* in hohem Grade den Verstrickungen *Mephistopheles-Ahrimans* ausgesetzt ist, sind wir doch im *Seelisch-Innerlichen* nach wie vor im stärksten Maße durch die Versuchungen *Mephistopheles-Luzifers* bedroht. Denn im Allgemeinen (wie schon betont wurde) versucht die materielle, soziale, politische und wirtschaftliche Außenwelt Ahriman, die seelische Innenwelt Luzifer für sich zu gewinnen. Wir treffen daher heute mehr und mehr Menschen, die des faustischen Strebens nach Erkenntnis müde sind und nach irgendeiner Glaubensdeckung und nach einer geistigen Autorität verlangen. Die Wege des doppelseitigen Bösen sind in der Tat vielfältig, und es ist keineswegs leicht, ihre verschlungenen Pfade zu überschauen.

SIEBENTES KAPITEL

Das Männliche und das Weibliche

Goethe läßt in seinem „Faust" darüber gar keinen Zweifel, daß die Gretchentragödie ein Werk der „Hexenküche", also des Herrn der Hexen, Mephistopheles, ist und daß dieser in den Liebesbeziehungen zwischen Faust und Gretchen gar sehr seine Hand im Spiel hat. Es wäre daher töricht, zu glauben, Goethe stelle in den betreffenden Szenen sein Ideal der Liebe dar, er schildert vielmehr Menschlich-Allzumenschliches, in welchem immer das Böse geheimnisvoll beteiligt erscheint. Entsprechend den Wesensverschiedenheiten von Mann und Frau wirkt nun aber freilich der Hexentrank auf Faust (direkt) und auf Gretchen (indirekt, durch Faust vermittelt) in ganz verschiedener Weise. In ersterem entfacht er ein wildes, zupackendes, egoistisches Begehren, wie es den tätigen Mann kennzeichnet, in letzterer hingegen ein verführerisches, schönes Scheinen, darin sich die Frau sehr wohl ihrer Anziehungskraft freudig-selbstisch bewußt wird.

Um solche feinsinnigen Unterschiede, wie sie Goethe in der Gretchentragödie meisterhaft schildert, besser würdigen zu können, ist jedoch eine zu den Fundamenten vordringende Untersuchung über das Wesen des Männlichen und Weiblichen nötig, wie wir sie im folgenden zu geben versuchen.

Spricht man von dieser Zweiheit, so rührt man nicht nur an geheimnisvolle, Natur und Kosmos durchdringende Polarität, sondern weist auch auf eine Quelle hin, der Schönstes und Edelstes wie Niedrigstes und Gemeinstes, entquillt, die ebenso schöpferische Liebe wie zerstörenden Haß entflammt und den Ursprung sowohl befreienden Glückes wie niederschmetternder Verzweiflung bildet und sich schließlich in alles einflicht, was Menschen auf Erden sind, fühlen, denken und vollbringen. Wo sich so gewaltige Lebenskräfte betätigen, da steht auch der Abgrund der Freiheit zwischen Gut und Böse und damit Sinn und Ziel des menschlichen Erdendaseins unmittelbar offen.

Im Urbeginn der Erd- und Menschheitsentwicklung traten jedoch das Männliche und Weibliche noch keineswegs als solche äußerlich hervor. Der Mensch trug diese Polarität verborgen in sich, er war noch ungesonderte Einheit. Im mosaischen Schöpfungsbericht des Alten Testamentes finden sich daher zwei verschiedene, aufeinanderfolgende Schilderungen der Entstehung Adams. Zuerst wird er als ungesondertes, mann-weibliches Gebilde in höheren Welten geschaffen, hernach erfolgt die irdische Verkörperung in einem Leib aus „Lehm"; erst auf dieser Ebene entsteht dann, zur Ergänzung des nunmehr männlichen Adam, die weibliche Eva.

Ähnliches berichtet der in esoterischer Überlieferung erfahrene Platon: Urspünglich sei der Mensch ein ungesondertes, gleichsam kugelförmiges Gebilde, also ein *Andro-Gyn* oder *Herm-Aphrodit* gewesen. Die Gottheit habe dann dieses Gebilde in der Mitte entzweigeschnitten, und die Schnittfläche sei, was wir heute die Brust- und Vorderseite des Menschen nennen. Seither strebten nun die getrennten Teile wieder zusammen und ruhten nicht eher, als bis sie in der Umarmung, Brust an Brust, wieder vereinigt wären. Natürlich ist diese Schilderung Platons nur ein „Bild", aber ein Wahrbild für durchaus reale und höchstbedeutsame Wirklichkeiten.

Was hier eigentlich vorliegt, können wir uns auf folgende Weise klarmachen: Männliches und Weibliches sind, weit über das hinaus, was sie im sexuellen Sinne darstellen, ähnlich wie die Polaritäten von Elektrizität und Magnetismus, tragende Urpolaritäten der Welt. Aus ihrer Durchdringung erfließt alles Leben und alle Bewegung. Solange sie jedoch beide, ungesondert, in einem Gebilde vorhanden sind, zeigt dieses zwar inneres Leben und zeugendes Hervorbringen seinesgleichen, aber dieses alles bleibt verborgen, unfrei und unbewußt, es vollzieht sich mit naturhafter Selbstverständlichkeit und ist keineswegs in die Verfügungsgewalt des betreffenden Gebildes gegeben. Erst durch die Geschlechtertrennung ändert sich dieses: ein Teil des Innern trennt sich ab, wird zu einem Äußeren, zu einem Du, die dumpf-selige, schlafhaft-bedürfnislose Einheit ist zerrissen, und aus Vereinsamung, Mangel, Sehnsucht entwickelt sich das Erwachen zum Ich. Dieses aus der Kraft von Schmerz, Einsamkeit und Entbeh-

ren bewußt gewordene Ich rastet nun nicht eher, als bis es das ihm zugehörige Du erreicht und sich mit ihm vereinigt hat.
Damit die Pole in Bewußtheit und Freiheit aneinander und zu sich selbst erwachen und sich auf höherer Ebene wieder finden und damit durch diesen Prozeß sich das individuelle menschliche Geistwesen, das Ich, entwickle: dazu war die Trennung der Pole und das äußerliche Hervortreten der Differenzierung in Mann und Frau unerläßlich – trotz aller sonst damit verbundenen Schmerzen und moralischen Problematik. Denn zugleich mit der Erweckung des freien Ichbewußtseins gab die Geschlechtertrennung dem Menschen auch die Möglichkeit zu bösem, selbstsüchtigem Begehren.
Die ursprüngliche mann-weibliche Einheit des Menschen und das in ihr sich vollziehende zeugende Schaffen waren rein, unschuldsvoll, keusch, denn der persönliche Wille und das ichhafte Begehren waren noch unerweckt und hatten hierzu keinen Zugang. Mit der Geschlechtertrennung erst kam die Möglichkeit, daß sich das daran erwachende persönliche Ich der Zeugungskräfte bemächtige, um deren Möglichkeiten im egoistisch-süchtigen Sinne auszubeuten („Sündenfall"). Man mache sich an dieser Stelle nur ganz klar: Das geistige Wesenszentrum des Menschen, sein „Ich", ist an sich weder männlich noch weiblich. Durch seine Einpflanzung (Inkarnation) in die Sphäre jedoch, in welcher diese Polarität herrscht, gerät es in deren Spannungsfeld und kann sich nun innerhalb der Versuchungen dieses Feldes zu immer höheren Stufen der Selbstbewußtheit und moralischen Freiheit entwickeln. Die Geschlechtertrennung gibt daher dem Menschen sowohl die Möglichkeit eines immer tiefer abwärts führenden „Sündenfalls" (man denke an die mit dem Sexuellen verbundenen Ausschweifungen, Entartungen, Unmenschlichkeiten!), als auch die Möglichkeit einer immer stärkeren „Sündenerhebung" (man denke an alles Große, Edle, Schöne, was durch diese Polarität in Menschen entzündet wird, denn da ereignen sich nicht nur physische, sondern auch seelische und geistige Zeugungsprozesse, die Wissenschaft, Kunst und Religion befruchten!).
Das beweist ein Studium des menschlichen Lebenslaufes und der Rolle, die darin der Pubertät beziehungsweise dem Klimakterium

zukommt. Es zeigt sich da nämlich eine Dreigliederung: 1. Das kleine Kind, vor der Pubertät, lebt in einer naiven Selbstgenugsamkeit und Egozentrik, alles, was wir eigentliches Gemütsleben und Persönlichkeitsgefühl nennen, schläft noch. 2. In der Pubertät erwacht dann, mit dem Interesse für das andere Geschlecht, auch ein neues höheres Interesse für die Welt. „Pubertät" bedeutet ja viel Umfassenderes als bloße Sexualität und physische Zeugungsfähigkeit. In der Neigung zum andern Geschlecht entdeckt vielmehr der junge Mensch „himmelhoch jauchzend und zu Tode betrübt" vordem unbekannte Tiefen und Fernen seiner eigenen Seele, des Mitmenschen und der Natur. Sein erwachendes Gemüt beginnt für hohe Menschenziele, für Religion, Kunst, Wissenschaft zu schwärmen. An der Seite des Geliebten oder der Geliebten enthüllen Bäume, Berge, Wolken bisher niegesehene Schönheiten. Alles, selbst das Alltäglichste, scheint in verklärtem Lichte. Kurz: Mitmenschen, Naturgebilde und Weltall eröffnen sich dem Menschen, weil dieser in der „ersten Liebe" seine stolze, kindliche Selbstgenügsamkeit preisgab. Ein „Eros" umfassendster Art ist erwacht, von welchem der sexuelle Eros nur einen bescheidenen Teil bildet.

Der Mensch ist in das „Stirb und Werde" eingetreten. Der geschlossene Kreis seines „Ich" ist zersprengt, er fühlt sich entzweigeschnitten und muß nun seine verlorene Hälfte suchen: Aber das ist keineswegs nur das andere Geschlecht, das sind auch Natur, Weltall, Gottheit. Manche Menschen empfinden diesen Verlust der kindlichen Selbstgenugsamkeit schmerzlich. Niemand aber kann leugnen, daß er den Anfang eines neuen Lebens mit allen dazugehörigen Leiden und Freuden darstellt.

3. Wie wahr das ist, zeigt die dritte menschliche Lebensepoche, das Klimakterium. Mit dem Erlöschen der Geschlechtsfunktionen, mit der Involution des Männlichen und Weiblichen zugunsten einer geschlechtslos-indifferenten Altersform, ist die ungeheure Gefahr gegeben, daß die Interessen des Menschen erlahmen und er sich wiederum in egozentrische Selbstgenugsamkeit zurückzieht, nur daß diese nicht der Verschlossenheit der kindlichen Knospe, sondern dem herbstlich kahlen Zweige gleicht. Der alte Mensch ist in Gefahr, sich

nur mehr um sich selbst zu bekümmern. Freude am Geld, am Essen und Trinken, verbunden mit hypochondrischer Beobachtung seiner Körperzustände (Schlaf, Verdauung, Stuhlgang, Schmerzen), treten nur zu leicht in den Vordergrund und lassen ihm Begeisterung für Menschheitsziele und Menschheitsliebe als „Illusionen der Jugend" erscheinen. Man sieht, *was* wir der durch die Geschlechtertrennung bedingten Kraft des Sexus als Antriebsenergien für unser Leben verdanken – weil wir nämlich zunächst viel zu schwach und träge sind, um ohne diese physisch-hormonalen Antriebe, aus rein geistig-seelischer Ich- und Zeugungskraft weltoffen, liebevoll und schöpferisch zu sein.

Wir sind nun dazu vorbereitet, das eigentliche Wesen des Männlichen und Weiblichen zu bestimmen. Hierzu kann ein Studium der Embryonalentwicklung der anatomischen Geschlechtsmerkmale dienlich sein. Die Anfänge dieser Entwicklung sind beiden Geschlechtern gemeinsam: Hoden und Ovar bilden sich aus der beiderseits der Wirbelsäule verlaufenden „Geschlechtsleiste" und lagern zunächst in der Beckenregion. Dann scheiden sich die Wege: die weiblichen Geschlechtsdürsen vollführen nur einen geringen „Abstieg" und verbleiben im Becken, die männlichen hingegen verlassen die Bauchhöhle, treten an die Körperoberfläche und über sie hinaus in den Hodensack („Descensus testiculorum"). Wir können sagen: Das Weibliche verbleibt mehr im Innern und bewahrt embryonale Kindheitscharaktere, das Männliche tritt mehr nach außen und verläßt grundsätzlich und weitgehend die embryonalen Anfänge. Dadurch entfernen sich beide Pole immer mehr voneinander.

Dasselbe gilt schließlich für das Männliche und Weibliche überhaupt. Sowohl leiblich wie seelisch bewahrt die Frau die weichen plastischen Formen der Kindheit und überwiegen in ihrem Verhalten die mehr phantasiehaft-gemütsmäßigen und gleichsam dem Kosmos zugekehrten Kräfte, während der Mann sich sowohl im Leiblichen (Muskulatur, Skelett) als im Seelischen (Intellekt, technische Begabung) mehr verhärtet und dem Irdisch-Materiellen zukehrt. Der Hinweis auf das Kindlich-Embryonale und nicht ganz Verirdischte der Frau bedeutet keine Bewertung, noch weniger eine Minderwerigkeit. Ganz im Gegenteil: Weil sich nämlich in der Frau die schöpferischen Lebens- und Gestaltungskräfte der Embryonalzeit und Kindheit nicht so stark wie beim Manne in äußeren, physischen Gebilden materialisieren und erschöpfen, bleiben sie nach innen lebendig und zu denjenigen leiblichen und seelischen Verrichtungen fähig, die eben für die Frau charakteristisch sind. Der Mann hingegen verausgabt diese Kräfte nach außen: zunächst in der ausdifferenzierten, mechanisierten und verdichteten Beschaffenheit seines Körpers, hernach in seinen wissenschaftlichen, technischen und kulturellen Werken. Nach innen behält er weniger zurück und ist daher „schwächer" als die Frau.

Spricht man hier freilich von „stärker" oder „schwächer", so ist genau zu bestimmen, in welcher Hinsicht diese Bestimmungen gelten. Hinsichtlich seines physischen Leibes (Muskulatur, Knochen, Gehirn) und seiner äußeren körperlichen und intellektuellen Leistungen ist ersichtlich der Mann stärker. Deshalb gehört ihm die Außenwelt des Berufs, des Staates, der Wirtschaft, des Sportes, des Militärs. Sein Körper wäre jedoch zu arm an ätherischen Lebenskräften und viel zu sehr verhärtet, um selbst ein Kind austragen, gebären und ernähren zu können, und er besäße weder leiblich noch seelisch die lange durchhaltnde, geduldige Tragkraft, die Frauen als Gattinnen und Mütter in der Gestaltung des Haushaltes, in der Krankenpflege und bei Schicksalsschlägen aufweisen. Männer verzweifeln hier viel früher und brechen seelisch und leiblich zusammen.

Geisteswissenschaftlich stellt sich das so dar, daß man sagen muß: Die Frau hat einen weiblichen (also zarteren und schwächeren) physischen Leib, hingegen einen männlichen (also robusteren) ätherischen Organismus. Demgemäß ist sie leistungsfähig auf allen Gebieten, die ein Pflegen und Nähren des Lebendigen sowie seelische Empfänglichkeit und künstlerische Begabung erfordern. Sie ist auch im allgemeinen für der Okkulte besonders aufgeschlossen. Hingegen besitzt der Mann zwar einen männlichen (also physisch-intellektuell stärkeren) physischen Leib, aber eine weibliche (also im vital-seelischen Bereiche schwächere und anfälligere) ätherische Organisation.

Der Schwerpunkt der Frau liegt daher mehr im Außerirdisch-Kosmischen, der des Mannes mehr im Diesseitig-Materiellen. Hieraus ergeben sich alle weiteren Vor- und Nachteile, Stärken und Schwächen.

Es ist nun aber nötig, dieses Problem noch weiter zu vertiefen: Ein Studium des Weltraumes ergibt, daß in ihm zwei, und nur zwei, grundsätzlich verschiedene Urmöglichkeiten und Urrichtungen bestehen: 1. Die von einem Mittelpunkt radiär nach außen wirkende und strahlende, 2. die von einer umschließenden Kugel nach innen weisende, umhüllende und tragende. Erstere ist nun Urbild des Männlichen, letztere Urbild des Weiblichen. *Das Weibliche* empfängt nach innen und birgt, bildet und nährt das also Empfangene. Im Empfangen ist es hingegeben-passiv, im Bergen, Bilden und Nähren jedoch höchst aktiv. *Das Männliche* wirkt und zeugt nach außen, da ist es höchst aktiv. In dieser schöpferischen Tätigkeit jedoch erschöpft es sich zugleich und ist nach der Zeugung (also dann, wenn beim Weiblichen die höchste Aktivität der Mutterschaft beginnt) passiv. Das gilt für das männliche Zeugen und Wirken auf allen Ebenen und in allen Bereichen.

Geometrisch gesprochen, verhalten sich also Männliches und Weibliches wie umhüllend-empfangender Hohlraum und ausstrahlender Mittelpunkt. Niemals darf man jedoch vergessen, daß jeder konkrete Mensch mehr oder weniger beide Pole, wenn schon nicht leiblich, so doch geistig-seelisch in sich trägt. Künstlerisch schaffende Persönlichkeiten, wie zum Beispiel Goethe, bedurften eines starken weiblichen Elementes in sich selbst, welches als mütterlicher Boden die geistigen Inspirationen empfangen, nähren und gebären konnte. Das Umgekehrte gilt entsprechend für bedeutende Frauen. Nur auf der physischen Ebene bedürfen wir also für unsere Zeugungen und Kinder des äußeren Geschlechtspartners, auf den höheren Ebenen müssen wir für unsere Seelen- und Geisteskinder selbst Vater- und Mutterstelle vertreten.

Aus dem Bisherigen ergibt sich also, daß die Frau den Ursprungs- und Lebensquellen näher steht als der Mann. Sie ist im physiologischen wie im sozialen Sinne die priesterliche Hüterin der heiligen

Lebensflamme. Deshalb gestaltet sie die Familie und das Heim nach innen. Im Manne hingegen wirkt mehr das Verhärtende, Ausformende, im Festen Begrenzende. Er blickt und wirkt hinaus in die materielle Welt. So ist sein Wesen nicht dem Leben, sondern dem Tode verwandt. Das bedeutet jedoch keine Entwertung, denn beide, warmes, flüssig-bewegliches Leben und kalt-erstarrender Tod sind nötig, um das Erdendasein zu ermöglichen.

Die Entwicklung unserer Zeit ist beherrscht von Mathematik, Naturwissenschaft und Technik. Mittels dieser bemächtigt sich der Mensch der Erdenstoffe, liefert sich aber zugleich an deren Zerstörungskräften aus. Die moderne Wirtschaftskatastrophen und Weltkriege, bis hin zur Atombombe, sind Ausdruck hiervon. Die Frauen werden als Mütter nicht müde, unter Schmerzen Kinder zu gebären, während die heute ganz vom männlichen Element beherrschte Staats- und Kriegsmaschine sie wie ein Moloch verschlingt. Könnte man das im Manne wirkende „Todeselement" deutlicher kennzeichnen? Aber auch im Seelischen neigt der Mann durch seine vorwiegend verstandesmäßige Begabung (Skepsis, Zweifel, Zynismus, Spott, Materialismus) mehr zur vernichtenden, die Frau durch ihre vorwiegend gläubige und hingebungsvolle Haltung mehr zur aufbauenden Seite der Welt. Auch hier bedürfen beide der Ergänzung und Korrektur durch ihren Gegenpol.

Aber auch eine nach Erdendasein strebende Menschenseele kann sich nur dann und dort in einem neuen Kinde verkörpern, wenn die Grundlagen hierzu in einem befruchteten Ei gegeben sind und dieses selbst der Vereinigung der strömenden weiblichen Lebenskraft und der gestaltverfestigenden männlichen Todeskraft seine Entstehung verdankt. Darüber hinaus aber werden beide Elternteile im Augenblick der Begattung einer intensiven Berührung mit den Lebens- und Todesmysterien teilhaftig. Schon durch die Liebeshingabe aneinander muß (wie wir anfangs zeigten) ihr jeweiliges egozentrisches und selbstgenugsames „Ich" ins Du hinüberströmen und dadurch gleichsam sterben. Denn wo Leben entstehen soll, muß sich anderes Leben in den Tod hineinopfern. Darauf deutet Goethes geheimnisvoller Spruch:

In der Liebesnächte Kühlung,
Die dich zeugte, wo du zeugtest,
Überfällt dich fremde Fühlung,
Wenn die stille Kerze leuchtet.
Nicht mehr bleibest du umfangen,
In der Finsternis Beschattung,
Denn dich reißet neu Verlangen
Auf zu höherer Begattung.
Keine Ferne macht dich schwierig,
Kommst geflogen und gebannt,
Und zuletzt, des Lichts begierig,
Bist du, Schmetterling, verbrannt.
Denn, wenn du das nicht hast,
Dieses „Stirb und Werde",
Bist du nur ein trüber Gast
Auf der dunklen Erde.

Auf einer gewissen Ebene sind demnach Männliches und Weibliches gleichberechtigte und einander ergänzende Weltenpole. Auf einer anderen Ebene freilich zeigt sich, daß die allerhöchsten Menschheitsleistungen in Wissenschaft, Kunst und Religion von Männern geschaffen wurden. Das hängt offenbar damit zusammen, daß nur der Mann sich stark genug im Irdischen verkörpert, die Frau hingegen (wie wir früher sahen) sowohl leiblich als seelisch nicht ganz herabsteigt, sondern vorirdisch, kosmische Kindheitseigenschaften bewahrt. Daher bleibt sie von der Verwirklichung höchster Erdenwerke ausgeschlossen, steht aber freilich als inspirierende und pflegende Kraft überall dort im Hintergrunde, wo Männer höchste Erdenwerke schaffen. Denn was wären wohl die Großen der Menschheitsgeschichte ohne die sie auf ihren Lebenswegen still begleitenden Frauen?

Damit hängt schließlich noch etwas anderes zusammen, worauf uns der frühchristliche Ausspruch hinweist: „Mulier taceat in ecclesia", das heißt: Die Frau hatte keine Führung in kultisch-sakralen Angelegenheiten, sie war „okkult" dem Manne nicht ebenbürtig. Die katholische Kirche kennt daher heute noch nur männliche Priester, der Feimaurerorden nur männliche Mitglieder, und auch die großen mittelalterlichen Mönchs- und Ritterorden waren ausschließlich in männlichen Händen. In der Gegenwart gilt eine andere Entwicklung, insofern die Neugeburt einer geistigen Anschauung der Pflegschaft des Weiblichen bedarf. Die Ergänzung zu der reinen Männerwelt fand sich freilich auf einer anderen Ebene: in der Verehrung Marias, des „Ewig Weiblichen", wie es am Schlusse von Goethes Faust dasteht:

> *Höchste Herrscherin der Welt,*
> *Lasse mich im blauen*
> *Ausgespannten Himmelszelt*
> *Dein Geheimnis schauen!*
> *Billige, was des Mannes Brust*
> *Ernst und zart beweget*
> *Und mit heiliger Liebeslust*
> *Dir entgegen träget.*
> *Unbezwinglich unser Mut,*
> *Wenn du hehr gebietest;*
> *Plötzlich mildert sich die Glut,*
> *Wie du uns befriedest.*
> *Jungfrau, rein im schönsten Sinn,*
> *Mutter, Ehren würdig,*
> *Uns erwählte Königin,*
> *Göttern ebenbürtig!*

Sind also dem Manne auf allen Gebieten die höchsten Leistungen nach außen vorbehalten (die großen „Werke"), so ist anderseits die Frau Trägerin des still-verborgenen Mysteriums der Mutterschaft. Darin wurzelt jedem Menschen die einzigartige Bedeutung der „Mutter". Daher gehört das Muttererlebnis zum Urkindheitserlebnis jedes Menschen. Deshalb ruft jeder, der Klügste wie der Dümmste, der Mächtigste wie der Ärmste im Grauen der Todesangst nach der Mutter, darum läßt sich die Mutter durch nichts ersetzen, was später der Mensch erobert und gewinnt.

Reift der Mann in Kämpfen, und rechtfertigt ihn das „strebende

Bemühen", so daß ihm schließlich trotz aller seiner Irrtümer und Fehltritte (wie wir es in Goethes „Faust" so schön dargestellt finden), doch die „Ewige Liebe" entgegenkommt und er durch sie Erlösung findet, so reift dagegen die Frau durch Leiden und Dulden. Sie ist wesentlich „Mater dolorosa", „Pietà", die den toten Sohn, Gatten, Geliebten im Schoße hält. Je nachdem wir also in einem Erdenleben als Mann oder Frau verkörpert sind, leisten wir Verschiedenes und tragen die entsprechenden Früchte ins nachtodliche Dasein und in ein späteres Erdenleben hinüber.

ACHTES KAPITEL

Walpurgisnacht und Gang zu den Müttern / Seelenverstrickungen und Zauberwesen

Goethe führt in seinem „Faust" den Leser in die verschiedensten Bereiche der sinnlich-irdischen und der übersinnlich-geistigen Welt. Was er hinsichtlich der letzteren sagt, meint er vielfach durchaus nicht dichterisch-symbolisch, sondern ganz und gar realistisch. Das gilt auch für den „Gang zu den Müttern" und für die „Walpurgisnacht". Besonders letztere ist eine harte Nuß für die Literaturhistoriker und Faustinterpreten! Ihnen ergeht es so wie dem „Proktophantasmisten" in der „Walpurgisnacht". Er ist Vertreter eines aufgeklärten naturwissenschaftlichen Weltbildes. Hexen-, Gespenster- und Geisterwesen kann er nicht anerkennen. Er ärgert sich über sie; aber das stört diese Wesen gar nicht, sie setzten ihr Treiben frisch weiter fort:

> *Ihr seid noch immer da! Nein! Das ist unerhört.*
> *Verschwindet doch! Wir haben ja aufgeklärt!*
> *Das Teufelspack, es fragt nach keiner Regel!*
> *Wir sind so klug, und dennoch spukt's in Tegel.*
> *Wie lange hab ich nicht am Wahn hinausgekehrt!*
> *Und nie wird's rein; das ist doch unerhört!*
> *Ich sag's euch Geistern ins Gesicht:*
> *Den Geistesdespotismus leid ich nicht;*
> *Mein Geist kann ihn nicht exerzieren.*

Nur mit einem erheblichen Rüstzeug von okkultem Wissen werden wir uns also insbesonders den obengenannten Szenen nahen dürfen. Das aber erfordert Geistesmut, denn es ist weitaus angenehmer, Goethes „Faust" nur als reizvolles Spiel dichterischer Phantasie zu genießen, als sich durch ihn vor sehr ernste, ja erschreckende Wirklichkeiten gestellt zu finden.

Ist man hierzu nicht willens, so steht man angesichts der sogenannten „romantischen Walpurgisnacht" vor folgenden dichterischen und menschlichen Unmöglichkeiten: Faust hat Gretchen verführt, er ist mitschuldig am Kindesmord und hat überdies den Tod von Gretchens Mutter und Bruder auf dem Gewissen. Und nun, als ob nichts geschehen wäre, macht er mit Mephisto einen nächtlichen Spaziergang auf den Brocken. Das wäre, wenn es nichts anderes wäre, ein Gipfel gewissenloser Leichtfertigkeit.

Die Erschütterungen durch diese vergangenen Ereignisse jedoch haben Faustens Seelenwesen zugleich gelockert und sensibilisiert. In der Nacht vom 30. April auf den 1. Mai überkommt ihn im Schlafe ein „Austritt", das heißt, ein vollbewußtes Verlassen seines Leibes, eine Entrückung in die Ferne und ein Schauen gewisser Kräfte, Gestalten und Ereignisse eines bestimmten Planes der übersinnlichen Welt (elementarische Welt, niederer Astralplan). In keiner Weise handelt es sich also um einen gewöhnlichen physischen Spaziergang in der gewöhnlichen physischen Harzlandschaft, obgleich Faust in menschlicher Gestalt sich bewegt und außer Geistgestalten auch die natürliche Landschaft wahrnimmt. Aber es ist eben nicht die grobmaterielle Natur, sondern die unmittelbar an diese angrenzende, gestaltlich mit ihr verwandte Schicht der sogenannten elementarischen Welt. Diese die grobmaterielle Natur durchwirkende Kräftewelt erlebt Faust. Deshalb schaut er in Bergestiefen das übersinnliche Glühen der Minerale, sieht Scharen vielfarbiger Mäuse und vernimmt die Sprache der Wurzeln, Felsen, Bäche und Irrlichter. Unbekannte Räume jenseits der Schwelle eröffnen sich ihm, denn was sonst Menschen in Gestalt mancher Träume nur dumpf und verworren erleben, das zeigt sich Faust, außerhalb seines stofflichen Leibes, in großer Klarheit. Dieses Angedeutete möge genügen, um die okkulten Grundlagen zum Verständnis der Walpurgisnacht in Goethes Faust zu schaffen.

In dieser elementaren Welt ist alles in steter Bewegung und Wandlung, nichts ist tot, alles hat sein Gesicht und schneidet Gesichter. Faust wundert sich:

Aber sag mir, ob wir stehen,
Oder ob wir weiter gehen?
Alles, alles scheint zu drehen,
Fels und Bäume, die Gesichter
Schneiden, und die irren Lichter,
Die sich mehren, die sich blähen.

Ähnlich wie in der Hexenküche fürchtet er, daß die Geistmagie dieser so andersartigen und verwirrenden Welt ihn ganz verstricke, dem Wahnsinn nahebringe und sein Persönlichkeitsbewußtsein raube.

Aber nicht nur Elementargewalten der Natur, sondern auch Menschen findet Faust auf dem niederen Astralplan seiner Blocksberg- und Walpurgisnachterlebnisse. Natürlich nicht Menschen von Fleisch und Blut, wohl aber Menschen im Zustande der Ausfahrt aus ihren Leibern, also als astrale Seelen- und Geistgestalten. Menschen, die durch bestimmte, in Salbenform angewandte Gifte einen vollbewußten „Austritt" erzwingen, nannte man im Mittelalter „Hexen". Die Salbe, die zumeist auf dem ganzen Körper aufgetragen wird und dadurch überall in die Haut eindringt, enthält verschiedene Giftkräuter, darunter Hyosciamus, Aconitum, Schierling, Nachtschatten, Mandragora. Außerdem wird noch ein Brei aus schwarzer Hirse genossen. Während der materielle Körper dieser Menschen in tiefstem Schlafe lag und nicht einmal durch schmerzhafte Eingriffe zu erwecken war, schweifte der übersinnliche, von niederen Begierden erfüllte Mensch in die Ferne und traf sich an bestimmten Orten mit gesinnungsverwandten und gleichfalls entrückten Menschen. Auf dem niederen Astralplan feierten dann diese leibfreien Seelen Orgien ihrer entfesselten Triebe. Was im Erdenbereich und leiblich für sie im Hinblick auf die ärmlichen und beschränkten mittelalterlichen Verhältnisse unerreichbar war, konnte jetzt im Überfluß genossen werden. Die Eindrücke waren so lebendig, daß die Hexen nach der Rückkehr in ihre Leiber überzeugt waren, alles von ihnen visionär Erlebte wirklich und leibhaftig genossen zu haben. Die Süchtigkeit nach dem Gebrauch jener Rausch- und Ekstasemittel wurde aber

schließlich so stark, daß solche Menschen durch nichts, selbst nicht durch Todesdrohung, von ihrem Treiben abzubringen waren. (Vgl. O. J. Hartmann: Medizinisch-pastorale Psychologie. Ausnahmszustände des Seelenlebens. Frankf. M. 1952)
Diesen vorwiegend sexuellen Genüssen dienenden Ausfahrten der weiblichen Hexen entsprechen nun bis zu einem gewissen Grade die Werwolf- und Berserkerzustände der Männer. Wir begegnen ihnen besonders in der vorchristlich-germanischen Zeit. Von einem solchen Mann erzählt die Geschichte: „Er konnte in allen Dingen guten Rat erteilen, denn er war sehr verständig. Aber jedesmal, wenn es zum Abend ging, wurde er unwirsch, so daß nur wenige Leute mit ihm ins Gespräch kommen konnten. Beim Dunkelwerden pflegte er schläfrig zu werden. Man erzählt sich, daß er des Nachts häufig in verwandelter Gestalt umging. Die Leute nannten ihn darum Kweldulf, das heißt Abendwolf." Es besteht in jenen Zeiten die Überzeugung, daß sich wilde, kampfesmutige Männer gelegentlich in Wölfe, Bären oder Auerochsen verwandeln, und mit anderen ebenfalls tiergestaltigen Männern nachts kämpfen. Man darf diese Schilderungen nur nicht auf die physisch-körperliche Welt beziehen, sondern muß sich darüber klar sein, daß „Ausfahrten" aus dem Leibe mit entsprechenden seelischen Verwandlungen und Entfesselungen vorliegen. Manchmal haben diese Männer Pelze und Masken angelegt, um sich dadurch in die entsprechende Ekstase hineinzusteigern.

Daß gelegentlich auch Salben verwandt wurden, zeigt folgender Bericht aus viel späterer Zeit. Im Jahre 1521 fing man zwei „Werwölfe". Der eine von ihnen, Peter Bourgau, erzählte: Als vor etwa 19 Jahren ein heftiges Unwetter die von ihm gehütete Herde so zerstreut habe, daß er sie trotz aller Mühe nicht wieder zusammenfinden konnte, seien ihm drei schwarze Reiter begegnet, die ihm Mut zugesprochen und versprochen hätten, ihm zu helfen, wenn er der ihre sein wolle. Es vergingen nun viele Jahre, in denen nichts Besonderes passierte, bis er den Michael Verdung kennenlernte. Verdung habe ihm versichert, daß er es dahin bringen könne, daß sie sich mit beliebiger Geschwindigkeit fortbewegen könnten. Beide hätten sich nackt ausgezogen und mit einer Salbe eingerieben. Ihm sei darauf vorgekommen, als sei er in einen Wolf verwandelt. Es habe ihm gegraut, als er die vier Wolfsfüße und seinen Wolfspelz geschaut habe; aber er sei nun im Laufe schnell wie der Wind dahingerissen worden. Hätte das nun mehrere Stunden so gedauert, so sei, nach Anwendung einer anderen Salbe, die Menschengestalt rasch zurückgekehrt. Nach einem solchen Lauf sei er tief erschöpft gewesen. Als Wölfe hätten sie nun Kinder mit den Zähnen ergriffen und gefressen.

Unsere moderne Psychiatrie würde in solchen Fällen von krankhaften optischen, akustischen und motorischen Halluzinationen sprechen. Sie hat Recht, insofern es sich natürlich nicht um eine physische Umwandlung in Wölfe handelt, unrecht jedoch, sofern sie die Tatsache eines Austrittes des Seelenwesens und seines triebhaften Schweifens in einem übersinnlichen Bereiche ignoriert.

Was also Goethe in seiner Walpurgisnacht schildert, entspricht durchaus den Realitäten eines niederen Seelen- und Astralbereiches. (Joseph von Görres hat in seiner fünfbändigen „Christlichen Mystik", Regensburg 1836–1842, eine umfassende Tatsachensammlung solcher und noch anderer Ausfahrten gegeben.)

Auf dem Seelenplane des Brockens aber zeigt sich auch in verräterischen Bildern, was überhaupt aus den Seelen der Erdenmenschen, besonders wenn diese nachts im Schlafe liegen, aufdunstet: Menschlich-Allzumenschliches in Fehlern, Schwächen, Eitelkeiten. Daher läßt hier Goethe mit Recht Vertreter verschiedenster sozialer und beruflicher Schichten (Dichter und Generale, Minister und Philosophen) sich seelisch enthüllen.

Nun begegnet Faust in einer Art Vorschau dem verstorbenen (hingerichteten) Gretchen, natürlich nicht seinem Ichwesen, denn dieses ist nach dem Tode in erdenfernen Bereichen auf der Wanderschaft durch die Planetensphären, wohl aber dessen doppelgängerhaftem, im Erdbereiche verbliebenem Seelenwesen.

> *Mephisto, siehst du dort*
> *Ein blasses, schönes Kind allein und ferne stehen!*
> *Sie schiebt sich langsam nur vom Ort,*

> *Sie scheint mit geschlossenen Füßen zu gehen.*
> *Ich muß bekennen, daß mir deucht,*
> *Daß sie dem guten Gretchen gleicht.*
> *Fürwahr, es sind die Augen einer Toten,*
> *Die eine liebende Hand nicht schloß.*
> *Das ist die Brust, die Gretchen mir geboten,*
> *Das ist der süße Leib, den ich genoß.*
> *Welch eine Wonne, welch ein Leiden!*
> *Ich kann von diesem Blick nicht scheiden.*
> *Wie sonderbar muß diesen schönen Hals*
> *Ein einzig rotes Schnürchen schmücken,*
> *Nicht breiter als ein Messerrücken.*

Mephisto nennt diese Erscheinung Zauberbild und lebloses Idol und sucht Faust davon abzulenken. Natürlich handelt es sich hier um etwas Ähnliches, wie wir es oftmals als Geistererscheinungen in alten Gebäuden und Schlössern erleben.

Aus den vielen, Goethes Wissen auf dem Gebiete des Okkultismus dartuenden Stellen des zweiten Teiles des Faust sei hier noch die bedeutsame Szene „Fausts Gang zu den Müttern" beleuchtet. In leidenschaftlicher Sehnsucht hat Goethe zeitlebens die griechische Antike gesucht, um in ihr ein Gegengewicht zur Verworrenheit seines Zeitalters zu finden. Hierbei war, wie es Schiller mit Recht deutlich empfand, in Goethe die keimhafte Rückerinnerung an die eigene Verkörperung im alten Griechenland wirksam. Daher ersehnte Goethe auch weit mehr, als ein historisch-archäologisch-philologisches Wissen, wie es die Universitätsprofessoren treiben, zu geben vermag. Er wollte eine unmittelbare Lebensbegegnung mit dem Genius des alten Griechenlands. Dazu mußte ihm aber nichts Geringeres gelingen als das Überschreiten der Schwelle zu relativ hohen Geisteswelten, in welchen als „Akashachronik" alle Gestalten und Ereignisse vergangener Kulturepochen in lebensvollen Bildern treu bewahrt sind.

Der Ausdruck Akashachronik stammt aus dem indischen Kulturbereich. Der Sanskritausdruck „Akasha" beideutet „Äther", „Ätherraum". Dieser „Äther" hat ebensowenig wie der von griechischen Kosmologen und Naturphilosophen (Aristoteles, Poseidonios) gebrauchte Ausdruck „Aither" etwas mit dem „Äther" der neueren Physik zu tun. Der Äther ist vielmehr das über die vier irdischen und grobstofflichen „Elemente" (Erde, Wasser, Luft, Feuer) hinausliegende fünfte, übermaterielle und kosmische Element. Als solches bildet er die Brücke zwischen der irdisch-materiellen und der geistigseelischen Welt „Ätherisch" müssen wir zum Beispiel die Gestaltungs- und Ganzheitskräfte nennen, welche die Leiber der Pflanzen, Tiere und Menschen durchdringen und ihnen Leben, Wachstum, Heilungsfähigkeiten verleihen.

Die ätherische Organisation (auch „Ätherleib" genannt) des Menschen ist nun der Träger seines individuellen Gedächtnisses, also seiner individuellen Akashachronik. Bei jeder Erinnerung holen wir etwas von dieser „Chronik" in unser Bewußtsein herauf. Während unseres Erdenlebens gelingt dies, wie wir wissen, immer nur bruchstückweise. Beim Tode jedoch, in manchen Fällen auch schon vorher oder bei nahe an das Sterben heranführenden Schockwirkungen (Abstürzen, Ertrinken, Ersticken) steht vor dem menschlichen Bewußtsein in einem Augenblick die ganze Akashachronik seines bisher durchlebten Erdendaseins in Form eines großen Panoramas. Wer sich ein wenig umhört, wird leicht in seiner Bekanntschaft Menschen finden, denen Ähnliches, zum Beispiel im Zusammenhang mit den Kriegsereignissen, selbst passiert ist.

Nun besitzt aber nicht nur jeder einzelne Mensch seine individuelle Akasha- und Erinnerungschronik, sondern die Erde als Ganzes hat ebenfalls eine solche; ist unsere Erde doch nicht eine leblose mineralische Kruste, sondern ein komplizierter, belebter Organismus, besitzt also eine ihr Stofflich-Materielles durchdringende und umhüllende ätherische Kräftesphäre. Alles, was je auf Erden geschah, ist nun dieser Äthersphäre eingeprägt und könnte von entsprechend hellsichtigen Menschen dort auch gefunden werden. Nun wird es wohl keinem Menschen gelingen, alles dort Aufgezeichnete zu „lesen"; aber Fragmente können durch mühsame Arbeit entziffert werden. Obzwar nun Goethe nicht im eigentlichen und vollbewußten Sinne hellsichtig war, muß er doch auf den Wegen seiner dichterischen Eingebungen eine gewisse Ahnung von dieser „Akashachronik" gehabt und insbesondere gewisse Erlebnisse im Hinblick auf das alte Griechenland gewonnen haben.

Der Kenner okkulter Überlieferungen ist erstaunt, mit welcher Sachkenntnis Goethe die zum Überschreiten der „Schwelle" nötigen Vorbereitungen in der Beschwörungsszene von „Helena und Paris" schildert und wie genau er wußte, was denjenigen zunächst erwartet, der nach Überschreiten der Schwelle die geistigen Welten betritt. Wir deuten im Folgenden einiges an.

Am Anfang die Frage des Weges in die geistige Welt: Dieser Weg ist in der gewöhnlichen Raumeswelt nirgends zu finden, weil er eben aus dieser Raumeswelt in eine total andere Dimension hinwegführt. Dann entsteht die Frage: Was treffen wir nach dem Überschreiten der Schwelle? Zunächst die Verneinung alles dessen, was unser gewöhnliches Bewußtsein erfüllte und in unserer Welt als wirklich galt: Die absolute Leere, in der jede Möglichkeit eines festen Standortes und einer Orientierung fehlt. Uns erfaßt daher zunächst riesenhafte Angst. Aber diese Angst darf nur einen Augenblick währen, sonst verschlänge sie unser Ichbewußtsein. Im nächsten Augenblick müssen wir sie schon überwunden haben. Dies ist eine Frage der Geistesgegenwart und Willenskraft. Diese auszubilden ist Anliegen des von allen Eingeweihten übereinstimmend geforderten langjährigen Schulungsweges. Exakte Schulung verhindert, daß der Schwellenübertritt mißlingt und unübersehbare Folgen für die leibliche und seelische Gesundheit (sogar der Tod) dessen sich ergeben, der vorzeitig und unberechtigt den Schwellenübertritt ertrotzen wollte. Mephisto ist nun Mysterienführer (Mystagoge) für den Neophyten Faust. Sachgemäß bereitet er ihn darauf vor, was seiner wartet.

> *Kein Weg! Ins Unbetretene,*
> *Nicht zu Betretende; ein Weg ins Unerbetene,*
> *Nicht zu Erbittende. Bist du bereit? –*
> *Nicht Schlösser sind, nicht Riegel wegzuschieben,*
> *Von Einsamkeiten wirst umhergetrieben.*

Hast du Begriff von Öd und Einsamkeit?
Und hättest du den Ozean durchschwommen,
Das Grenzenlose dort geschaut,
So sähst du dort doch Well auf Welle kommen,
Selbst wenn es dir vorm Untergange graut,
Du sähst doch etwas. Sähst wohl in der Grüne
Gestillter Meere streichende Delphine;
Sähst Wolken ziehen, Sonne, Mond und Sterne – –
Nichts wirst du sehn in ewig leerer Ferne,
Denn Schritt nicht hören, den du tust;
Nichts Festes finden, wo du ruhst.
Versinke denn! Ich könnt auch sagen: steige!
'ist einerlei. Entfliehe dem Entstandenen
In der Gebilde losgebundne Reiche.
Ergetze dich am längst nicht mehr Vorhandenen.
Ein glühender Dreifuß tut dir endlich kund,
Du seist im tiefsten, allertiefsten Grund.
Bei seinem Schein wirst du die Mütter sehn;
Die einen sitzen, andre stehn und gehn,
Wie's eben kommt. Gestaltung, Umgestaltung,
Des ewigen Sinnes ewige Unterhaltung,
Umschwebt von Bildern aller Kreatur.

Seit Goethes Zeit und in gesteigertem Grade in unserem zwanzigsten Jahrhundert erwacht in der Menschheit das Bestreben, ihr geschichtliches Bewußtsein auszuweiten und längst vergangene Kulturen wiederzuentdecken. Der außerordentliche buchhändlerische Erfolg von „Götter, Gräber und Gelehrte", aber auch vieler ähnlicher Bücher, ist nur verständlich, wenn man weiß: In vielen Menschen erwacht heute, nach jahrhundertelangem Schlaf, erneut das ahnende Wissen um die wiederholten Erdenleben. Was diese Menschen selbst in vergangenen Jahrhunderten und Jahrtausenden im fernen Peru und Mexiko, in Chaldäa, Babylonien und Ägypten erlebten, das drängt heute an die Bewußtseinsoberfläche und läßt geheimnisvollen Hunger nach solchen Büchern empfinden.

Bisweilen trifft man auch Schriftsteller und Archäologen, die sich darüber klar sind: Wir könnten nicht so sicher und erfolgreich die verborgenen Reste alter Gräber und Städte finden, noch jene alten Kulturen so farbig schildern, wenn wir nicht in geheimnisvoller innerer Beziehung dazu ständen. Manchmal werden dann auch direkt die wiederholten Erdenleben erwähnt. Auch die Biographie Schliemanns, des Entdeckers von Troja sowie der Atridengräber und Mykenäs, ist lediglich unter dieser Voraussetzung verständlich: Seit Schliemann als Junge in der Schule die Ilias kennenlernte, ist er im Banne dieser Epoche. Homers Helden, für die Wissenschaft seiner Zeit lediglich Produkte dichterischer Phantasie, sind ihm konkreteste Wirklichkeit. Spuren ihres Erdendaseins, besonders ihre Gräber, müssen vorhanden sein. Das steht für den jungen Schliemann fest. Ebenso fest steht aber auch, daß er sie suchen und finden wird. Daraufhin plant er sein ganzes Leben: Erst als Kaufmann viel Geld verdienen, dann mit diesem Gelde die Reste jener alten Kultur, besonders die Gräber selbst finden. Die Fachgelehrten seiner Zeit verspotten ihn, er aber bleibt trotz anfänglicher Fehlschläge unerschüttert und entdeckt schließlich jene Gräber, unbeschädigt, wie sie vor Jahrtausenden verlassen wurden, voll der wunderbarsten goldenen Masken, Waffen und Schmuckgegenstände.

Nicht physisch, aber geistig hat auch Goethe nach dem alten Griechenland gegraben, und was er hierbei, geleitet von seiner eigenen Verwurzelung in jener alten Epoche, fand, ist in der „klassischen Walpurgisnacht" des zweiten Teiles des „Faust" niedergelegt, der tief in die mythische Sphäre eindringt.

NEUNTES KAPITEL

Fausts Tod und Übertritt in den Kosmos / Tragik und Reinkarnation

Alle Sphären menschlichen Daseins hat Faust durchmessen: im ersten Teil der Dichtung die privat-persönlichen Sphären eines gelehrten Erkenntnisstrebens und triebhaften Wünschens, im zweiten Teil die Sphären des großen öffentlichen Lebens (Wirtschafts- und Finanzierungsprobleme, hohe Politik, Kriegsführung, Dynamik der Kulturepochen von Griechenland über das Mittelalter zur Moderne, soziale, technische und kolonisatorische Menschheitsprobleme). Und nun, im Patriarchenalter von 100 Jahren, aber erfüllt von neuen gigantischen Zukunftsplänen, naht ihm der Tod.

Wie nicht anders zu erwarten, verschärfen sich unmittelbar vor seinem Tode die Angriffe der Doppelmacht des Bösen auf Faust. Denn längere Zeit (Wochen) vor dem physischen Tode eines Menschen bereitet sich die Loslösung des höheren geistigen Teiles vom niederen Erdenmenschen vor. Diese Zeit benützen die Widersachermächte zu einem letzten entscheidenden Angriff. Und Faust unterliegt weitgehend diesem Angriff. Denn was sind alle egoistischen Leidenschaften und erotischen Genüsse des durch den Hexentrank verjüngten Faust in der Tragödie erstem Teil im Vergleich zum höchstgesteigerten Genuß, in welchem der greise Faust seine geistige Überlegenheit über Millionen Menschen und seine geistige Schöpferkraft selbstherrlich auskostet?

Wir stehen hier vor der stärksten luziferischen Versuchung: der frevelhaften Übersteigerung des menschlichen Persönlichkeitsgefühles zum Mensch-Gott, wie es in besonderem Grade viele römische Cäsaren, und zwar etwa zur selben Zeit zeigten, als in Palästina ein wirkliches Gotteswesen still und verborgen, aber von höchster Ichkraft erfüllt, ein menschliches Erdendasein bis zum Tode durchlitt. Die lärmende Selbstüberschätzung des „schöpferischen Mensch-Gottes" kontrastiert furchtbar mit der gelassenen Opferbereitschaft und selbstlosen Liebe, mit der Jesu-Christus seinen Jüngern das Abendmahl darreicht und sich auf den Weg der Passion begibt. Je größer die wirkliche Kraft und Weisheit, deso unauffälliger und stiller verläuft alles. Ein Gott hat es nicht, wie der sich gleichsam zu einem Gott aufblähende Faust, nötig, emphatisch zu deklamieren:

> *Was ich gedacht, ich eil es zu vollbringen;*
> *Des Herren Wort, es gibt allein Gewicht.*
> *Vom Lager auf, ihr Knechte, Mann für Mann!*
> *Laßt glücklich schauen, was ich kühn ersann.*
> *Daß sich das größte Werk vollende,*
> *Genügt ein Geist für tausend Hände.*

Im vierten seiner Mysteriendramen („Der Seelen Erwachen") läßt Rudolf Steiner eine, „Maria" genannte, zentrale Persönlichkeit vor der Aufgabe stehen, einen entscheidenden Sieg über den „Wunschgebieter" (Luzifer) zu erkämpfen, um die Früchte dieses Sieges einer anderen, vom „Wunschgebieter" gefährdeten Persönlichkeit (im Drama „Johannes" genannt) zugute kommen zu lassen. Während nämlich der gewöhnliche Mensch seine Weisheit und sein Schaffen selbstisch auf sein „Ich" bezieht, ist es Maria gelungen:

> *Von allen Wissen stets die Eigenliebe*
> *entfernt zu halten. Niemals will ich künftig*
> *von jener Seligkeit mich finden lassen,*
> *die Menschen fühlen, wenn Gedanken reifen.*
> *Zum Opferdienst will ich das Herz mir rüsten,*
> *daß stets mein Geist nur denken kann, um denkend*
> *des Wissens Früchte Göttern hinzuopfern.*

Von solcher Haltung ist der alte Faust weit entfernt! Er glaubt ja auch gar nicht an eine höhere Welt, nennt den einen Toren, der davon redet, und versichert, daß er im Irdisch-Materiellen, weil man es ergreifen könne, sein Genügen finde. Dadurch unterliegt er nun, wie wir schon früher sahen, auch der zweiten Versuchermacht, dem Herrn des Todes, der Menschenentwürdigung und Menschenversklavung: Ahriman. Auch im alten Ägypten war lediglich *einer* freier

Herr, der Pharao, und seinem planenden Willen fronte beim Bau der Pyramiden ein ganzes Volk. So möchte auch Faust als Herr allen Menschen die Verwirklichung seiner gewaltigen technischen Pläne gebieten. In der Tat besitzt unsere Gegenwart als Zeitalter der großen Industrie-, Wirtschafts- und Staatsdiktatoren unverkennbare Ähnlichkeit mit dem Zeitalter der ägyptischen Pharaonen. Zugleich aber sind beide Zeitalter polarisch voneinander verschieden.

Als höchster Priester und Eingeweihter herrschte nämlich der Pharao nur insoweit über sein Volk und war sein Ich das allein freie und gebietende, als er lediglich Diener göttlicher Wesenheiten und Vollstrecker ihres weisheitsvollen Willens war. So war er Mittler zwischen Volk und Gottheit, nichts anderes als die Spitze einer Pyramide, die, vom Irdisch-Menschlichen aufragend, dem Kosmisch-Geistigen sich hinwendet. Nur insoweit er selbst demutsvoll empfangender Diener der Gottheit war, konnten ihm die unzähligen Scharen seines Vokes als Arbeitsknechte dienen. In ihm und durch ihn dienten sie der Gottheit.

In den neuzeitlichen Diktaturen, für die uns der greise Faust ein Beispiel liefert, ist davon keine Rede. Wir leben in einer entgötterten Welt. Das Irdisch-Materielle ist an die Stelle des geistigen, sternendurchleuchteten Makrokosmos und der Mensch an die Stelle der Götter getreten. Der „moderne Pharao" verlangt stolz und aufgeblasen Unterwerfung der Menschen unter seine persönliche Weisheit und Willenskraft. Er bestimmt, was geschehen soll, ja er bestimmt schließlich sogar, was hinfort „gut" und „böse", „wahr" und „falsch" genannt werden darf. Als Mensch-Gott tritt sein Ich an die Stelle der Iche aller anderen Menschen. Diese haben ihre eigene Erkenntnis- und Gewissenskraft an ihn abzutreten, – und merkwürdig: die Menschen tun dies willig, bisweilen sogar gern! Gibt es doch heute viele Menschen, die ihres Ichs (und der damit gegebenen eigenen Erkenntnismühe und Gewissensentscheidung) müde sind, die sich ihrer Freiheit zugunsten einer Bevormundung begeben möchten, wenn sie dafür „Sicherheit", „Wohlstand", „Glück", „Sorglosigkeit" einzutauschen hoffen dürfen. Man erinnere sich hier der umfangmäßig kleinen, inhaltlich abgrundtiefen Erzählung

Dostojewskijs „Der Großinquisitor", die in dessen Roman „Die Brüder Karamasow" eingeflochten ist und eben dieses hochaktuelle Problem behandelt.

Aber der moderne Diktator, der die Menschen als Arbeitssklaven, ja als Roboter betrachtet und verachtet und die Befehlsgewalt über sie stolz genießt, weiß eines nicht: daß auch er nur die Spitze einer Pyramide ist, die den Bereich der Menschen einem anderen Bereiche öffnet, – nur daß diese Pyramide nicht aufwärts in die lichten Höhen des Göttlich-Geistigen, sondern abwärts in die dunklen Tiefen des Dämonisch-Irdischen weist, daß folglich auch er, ohne es zu ahnen und zu wollen, *also im Zustande der Besessenheit,* einem Gotte dient: Mephistopheles-Ahriman, und deshalb (gleichsam ein betrogener Betrüger) dazu beiträgt, die ganze Erdenmenschheit und Menschheitskultur den zynisch-zerstörerischen Händen dieses „Gottes" auszuliefern.

Im Sinne der Goetheschen Darstellung haben demnach Mephistopheles-Luzifer und Mephistopheles-Ahriman durchaus die von Faust eingegangene Wette gewonnen, denn Faust erweist sich gerade an seinem Lebensende in deren doppelseitige Illusionen verstrickt. Was ihn dennoch rettet ist, wie schon früher bemerkt, einerseits sein strebendes Bemühen, das ihn auch jetzt nicht volle Befriedigung finden läßt, und andererseits die Liebe höherer Welten, die sich ihm gnadevoll neigt, und in der wir die Früchte des Selbstopfers Gretchens (vergleiche die Kerkerszene!) mitbeteiligt finden.

Wie vollzieht sich nun Faustens Sterben, das heißt die Herauslösung aus dem Leibe und der Übertritt in die geistige Welt? Goethe schildert es mit okkulter Kennerschaft. Eine letzte schwere Schuld lädt, wie wir bereits sahen, Faust auf sich: Die Austreibung und Tötung von Philemon und Baucis, die Vernichtung des Kirchleins und Lindenhaines. Er gerät in Wut über Mephistopheles, der seinen Befehl mißverstanden habe, aber hinter diesem Zornausbruch steht nur zu deutlich Fausts schlechtes Gewissen. Außer sich vor Wut schleudert er einen Fluch auf Mephisto und dessen Gesellen. Aber – seltsam – dieses Außer-sich-Geraten bleibt nun nicht eine vorübergehende Seelenlockerung, aus der es Faust vergönnt wäre, wieder in sein normales Ich- und Leibesbewußtsein zurückzukehren. Diese vom Zorn in Gang gebrachte Lockerung vertieft sich vielmehr und führt zu einem allmählichen Verlassen des Leibes – das heißt zum Sterben. Einen Fluch auf den Lippen, löst sich Faustens geistig-seelische Wesenheit aus dem Erdendasein! Daher entschwindet ihm nun die Sinneswelt – und Seelenwesenheiten von jenseits der Schwelle drängen sich in sein hellsichtig gewordenes Bewußtsein: Mangel, Schuld, Not, Sorge und Tod. Auch hier beobachtet Goethe okkult Richtiges, denn es gibt sehr wohl eine Geistwesenheit, die das Sterben des Menschen in Gang zu bringen und zu leiten hat, wovon auch das Grimmsche Märchen „Arzt und Gevatter Tod" deutlich weiß. Christliche Überlieferungen sprechen vom „Todesengel".

In dem berühmten Gespräch Fausts mit der Sorge breitet sich nun nichts Geringeres aus als das von Rudolf Steiner erwähnte „Erinnerungstableau" (auch „Akashachronik" genannt). Die übersinnliche Wesenheit des Menschen schaut hierbei, von den Fesseln des Gehirns sowie des gewöhnlichen partiellen Erinnerns befreit, in einem einzigen, lückenlosen und gleichzeitigen Panorama den Verlauf ihres ganzen Erdendaseins.

Solches geschieht nun auch dem hundertjährigen Faust als er sich aus seinem Erdenleibe herauszulösen beginnt. Im Gespräch mit der „Sorge" läßt er sein ganzes Leben an sich vorüberziehen.

Die Außenwelt versinkt hierbei in immer tiefere Nacht. Das „Licht" jedoch, das er nun stolz in sich zu finden meint, ist zunächst das Licht egozentrischer Illusionen: Er glaubt, das Geklirr der Spaten der Arbeitsknechte zu hören, die an seinen „unsterblichen" Erdenwerken schaffen, – während es die Lemuren sind, die sein und aller menschlichen Erdenzivilisation Grab schaufeln. Denn das Einzige, was dem allgemeinen Erdentode, der in der Materie lauert, entgeht, ist das unsterbliche Menschen-Ich und die in ihm aufbewahrten geistig-moralischen Früchte des Erdendaseins, – aber gerade das verleugnet der sterbende Faust in folgenschwerer ahrimanischer Verblendung.

Nun steht Mephistopheles mit seinen Teufelsscharen an Fausts Leichnam, spähend, wie und wo er Faustens Geistwesen mit Krallenfingern erfasse, es der „Flügel" beraube und dadurch ganz in sein unterirdisches Reich eingliedere. Auch das ist von Goethe richtig geschildert. Denn solange ein Mensch im Erdenleibe lebt, ist er durch diesen wie durch eine Festung geschützt, und vermögen geistige Wesenheiten (wie es die ahrimanischen sind) nicht unmittelbar an ihn heranzukommen. Erst nach Verlassen der Leibessphäre ist dieses möglich. Das erfährt ja auch der eine Einweihung durchmachende, das heißt seinen Leib vorübergehend verlassende Mensch, und eben darin beruhen die großen Gefahren einer unrichtigen oder nicht genügend vorbereiteten Einweihung, weil der Mensch da außerhalb seines Leibes mit geistigen Wesenheiten zusammentreffen muß, denen er noch nicht gewachsen ist. Beim Sterben des Menschen freilich besorgen diesen Schutz- und Geleitdienst höhere Wesenheiten. Daher scharen sich auch um Faustens Unsterbliches, sobald es den Leib verläßt, Engelwesenheiten, um es vor den Klauen der Finsternis zu schützen. Aber diese Engelwesenheiten können das nur, weil Faust durch sein ganzes Erdendasein und trotz aller seiner Fehltritte in letzter Hinsicht doch der hellen himmlischen Seite zugehörig blieb. Daher hat nun im Todesaugenblick diese ein größeres Anrecht auf ihn.

Nun stand Goethe vor der schweren Aufgabe, die geistigen Welten und Faustens nachtodlichen Schicksalsweg in ihnen künstlerisch zu schildern. Hierbei bediente er sich eines besonderen Kunstgriffes: Er schildert heilige Männer (Anachoreten) in ekstatischen Entrückungen und Erleuchtungen, also in verschiedenen Graden und Formen leibfreien Bewußtseins, und die Erlebnisinhalte dieser Ekstatiker bilden nun für ihn die Brücke zum dichterischen Überschreiten der Schwelle zwischen Diesseits und Jenseits.

Was man im Okkultismus die „Elemente" (Wasser, Feuer, Erde, Luft) nennt, gehört der ersten, niedersten Ebene der übersinnlichen Welt an. Mozarts Oper „Die Zauberflöte" schildert in wunderbaren Tongebilden den Durchgang durch diese Sphäre gelegentlich der Einweihung von Tamino und Pamina. Auch uns erhaltene Fragmente griechischer und orientalischer Mysterien sprechen von der Notwendigkeit, das Reich der Elemente zu passieren, ehe man ins Reich der Planeten aufsteige, die „Sonne um Mitternacht" schaue und schließlich vor die „oberen und unteren Götter" hintrete. So ist es auch in Goethes „Faust" das Reich der Elemente und der Naturgeistigkeit, in das wir durch das ekstatische Erleben der heiligen Anachoreten geführt werden und durch welches auch die abgeschiedenen Menschen zunächst hindurchgehen müssen.

Im Bewußtseinsraum eines der ekstatischen Anachoreten, des „Pater Seraphicus", schildert uns nun Goethe eine Gruppe frühverstorbener („mitternachtsgeborener") Knaben. Der Pater leiht ihnen seine Augen und läßt sie dadurch an der Gewalt der Elementargeistigkeit der Natur teilnehmen. (Eine okkulte Feststellung, die Goethe dem großen Seher Swedenborg verdankte und verschiedentlich auch in Briefen verwendete.) Aber das ängstigt diese zarten Seelen, sie verlangen den Aufstieg in höhere, lichtere Sphären. Er wird ihnen gewährt, und so bildet das kreisend-spiralige Emporschweben dieser jungverstorbenen Geisterschar eine Brücke, auf der auch Faustens Unsterbliches empordringen kann. Wiederum bedient sich Goethe eines wichtigen okkulten Gesetzes: Er läßt Faust und die Knabenschar einander gegenseitig zu Lehrern und Führern werden. Denn von ihren reinen Unschuldkräften getragen, schweben diese frühverstorbenen Knaben leicht in hohe Sphären empor. Faust jedoch ist zwar von schweren Dunkelheiten belastet, hat aber in seinem hundertjährigen Erdenleben viel getan, gesehen, gelernt. Nun soll er jene lehren, und diese sollen ihm beim Aufstieg helfen.

Goethe deutet hier auf das wichtige Gesetz der gegenseitigen Ergänzung und sozialen Zusammenarbeit hin, das keineswegs nur die Erdenwelt beherrscht, nein, in viel höherem Grade das Leben im nachtodlichen Dasein bestimmt.

Die Engel übergeben nun Faustens Unsterbliches an diesen Chor seliger Knaben, und diese empfangen es mit den Worten:

> *Freudig empfangen wir*
> *Diesen im Puppenstand;*
> *Also erlangen wir*
> *Englisches Unterpfand.*
> *Löset die Flocken los,*

Die ihn umgeben!
Schon ist er schön und groß
Von heiligem Leben.

Die „flocca" war ein Gewand mittelalterlicher Orden, womit man den gestorbenen Mönch umhüllte und bestattete. Zum Unterschied von vielen heutigen Christen weiß Goethe sehr wohl, daß der Mensch nach dem Abstreifen seines Erdenleibes nicht sogleich hoher Wachheit, hoher Weisheit und hoher Geisteswelten teilhaftig wird, sondern diese durch schmerzvolle Wandlungen stufenweise erst erlangen muß. So wie nämlich der Mensch mit der Konzeption im Mutterleibe zwar die Erdenwelt grundsätzlich betritt, es aber langer und schwieriger Entwicklungen bedarf, bis sein Leib die nötigen Organe (Gliedmaßen, Augen, Ohren, Gehirn und so weiter) ausgestaltet und ihren funktionellen Gebrauch erlernt hat, so ist auch der Tod lediglich der Augenblick der Empfängnis in der geistigen Welt, und es bedarf langer „Embryonalentwicklungen" und „Kindheiten" sowie Übertritte in immer höhere planetarische Geistessphären, um aus dem Verstorbenen einen „mündigen" Bürger der neuen Welten zu machen. Überall im Kosmos herrscht also das *Prinzip der Entwicklung*. Ein Wesen wird sich nun in einer neuen Daseinssphäre um so rascher entwickeln und orientieren, je mehr es die Voraussetzungen hierzu in den vorhergehenden Daseinssphären sich erobert. In diesem Sinne ist nun Faust zu raschem Aufstieg und zu schnellem Erwachen in der Geisteswelt prädisponiert, denn er schuf sich in den Erlebnissen und Mühen, aber auch in den Irrtümern und Fehltritten einen starken und reichen Ichkern, der sich nun, wie ein Schmetterling aus der Puppe, heraushebt und wie ein großer, schöner Stern erstrahlt. Alsbald sitzt er als „Doctor Marianus" in der höchsten, reinlichsten Zelle, wo der Geist erhoben und die Aussicht frei ist auf die höchste Herrscherin der Welt, angetan mit dem blauen, golddurchwirkten Himmelsmantel, die Verwalterin reinster Liebe und Weisheit.

Maria im Sternenmantel, stehend auf der silbernen Mondensichel, in ihren Armen tragend das Sonnenkind: Diese Imagination steht vor uns am Ende von Goethes Faust, wie sie vor uns steht im Mittelpunkt der Geheimen Offenbarung (Apokalypse) des Johannes.

Am Anfang der Welt- und Menschheitsgeschichte wirken Macht und Weisheit Gottes des Vaters (vergleiche den „Prolog im Himmel"). Am Ende lebt, was sich als Frucht aus den Erfahrungen, Kämpfen und Leiden des Erdendaseins ergab und den geistigen Welten zurückgegeben wird. Damit ist auf Kreuz und Auferstehung hingedeutet. In der Tat bildet das Mysterium von Golgatha den geheimnisvollen Hitergrund des fünften Aktes von Faust II. Wiederum bedient sich Goethe dreier großer Heiliger (Magna peccatrix, Mulier Samaritana, Maria Aegyptiaca), um durch die Optik ihres Seelenlebens das anzudeuten, was direkt unaussprechlich ist: den neuen Mysterienstrom liebedurchdrungener Weisheit und weisheiterfüllter Liebe:

> *Die nun dorther sich ergießet,*
> *Überflüssig, ewig helle,*
> *Rings druch alle Welten fließet.*

Das muß man in Goethes Faust selbst nachlesen. Denn in diesem letzten Teil hebt Goethe die deutsche Sprache auf ein besonders hohes Niveau: Da ist mehr als Dichtung, da ist Musik, sakraler Hymnus, der durch seine Form- und Klangwirkungen eine höhere Welt herabzubeschwören und zur sakramentalen Verleiblichung zu bringen vermag.

Wir stehen also besonders hinsichtlich des fünften Aktes von Faust II durchaus vor dem Anfang einer neuen Mysteriengestaltung. Freilich nur an einem Anfang, denn vieles fehlt hierzu noch, weil Goethe noch nicht zur vollbewußten Einsicht in übersinnliche Welten erwacht war und vieles eben doch nur in Form dichterischer Phantasiebilder aus der geistigen Welt herunterholen konnte. Dieser Mangel bezieht sich unter anderem auf einen Punkt: Goethes Faust ist eine Tragödie. Seit dem Beginn der Tragödie mit Äschylos und Sophokles umfaßt eine solche Dichtung Schicksalsverknotungen und Schicksalslösungen zwischen Geburt und Tod, ja der Tod des Helden bringt meistens den Höhepunkt und die Auflösung des tragischen Knotens. Mit ihm endet ganz selbstverständlich die Tragödie.

Mit aller Stärke gilt es nun heute zu empfinden, daß diese Lösung unserem Bewußtsein nicht mehr genügt. Liegen am Ende eines griechischen oder shakespeareschen oder schillerschen oder hebbelschen Dramas Leichen auf der Bühne, so fühlen wir uns veranlaßt zu fragen: Was weiter? Was erleben und tun nun die Seelen, die eben vor unsern Augen ihre Leiber verlassen haben und durch ihr Handeln und Leiden einander in so unheilvoller Weise verflochten und verschuldet sind? Wir empfinden: Der Tod ist kein Ende, die tragische Verflechtung von Menschenwesen und Menschenschicksalen hat nur eben den physischen Plan verlassen und sich auf einen andern Plan verlagert. Das Drama müßte, statt zu enden, nun erst recht beginnen. Der physische Tod erscheint uns als keine befriedigende Lösung der zwischen Menschen bestehenden tragischen Konflikte. Auch hierin liegt einer der Gründe, warum das übliche Theaterdrama heute auf dem Aussterbeetat steht.

Daher läßt Goethe die Faust- und Gretchentragödie keineswegs mit dem Tode enden, sondern schildert wichtigste Ereignisse des nachtodlichen Daseins. Aber wie weiter? Da leben nun Faust und Gretchen mit den auf Erden erworbenen Kräften und sich gegenseitig fördernd, in immer höhere Sphären der geistigen Welt hinaus. Werden sie sich nicht einmal wieder erdwärts wenden müssen, um das nun in der geistigen Welt Erlebte und Errungene zu gegenseitigem Nutzen, ja zum Nutzen anderer Menschen und der ganzen Erdenentwicklung anzuwenden und zu bestätigen?

In der Tat, so ist es, und auch Goethe war durchaus dieser Überzeugung. Freilich hatte er eine Scheu okkulten Dingen gegenüber, aber gelegentlich sprach er sich doch auch offen aus. Solches geschah beim Tode Wielands, als die Trauergäste von der Bestattungsfeier heimkehrten. Da meinte Goethe, es sei gar nicht daran zu denken, daß eine so kostbare Geistwesenheit wie die Wielands jemals vergehen könne, sie werde vielmehr nach einem angemessenen Aufenthalt in kosmisch-geistigen Sphären wieder geboren werden, um zu Nutz und Frommen späterer Geschlechter ins Erdendasein wieder schöpferisch einzugreifen. Goethe war ja auch überzeugt, selbst schon oftmals verkörpert gewesen zu sein und noch oftmals auf Erden wieder zu erscheinen.

Deshalb werden Dramen, die nicht nur die Schicksale eines Menschenlebens schildern, sondern welche die Schicksale ihrer Helden durch mehrere aufeinanderfolgende Erdenleben, ja auch in den Zeiten zwischen Tod und neuer Geburt in Geistesbereichen in ihren schicksalhaften Verkettungen darstellen – die Kunstwerke der Zukunft sein. In den Mysteriendramen Rudolf Steiners ist diese Zukunft erstmalig Gegenwart geworden.

ZEHNTES KAPITEL

Krise und Zukunft des Faustischen Menschen

Unabhängig von Goethes „Faust" sei zum Schluß die Problematik des „Faustlischen Menschen" im Zusammenhang mit der Geschichte des Abendlandes betrachtet. Denn die Geburt dieses neuen Menschentypus bedeutet ein zentrales und überaus „revolutionäres" Ereignis der Menschheitsgeschichte. Alles nämlich, was sich seither „revolutionär" nennt, wurzelt im „Faustischen Bewußtsein". In diesem Bewußtsein entdeckt und ergreift der Mensch erstmals seinen personenhaften Wesenskern, sein „Ich". Er beginnt sich der Kraft seines Denkens bewußt zu werden. Er emanzipiert sich von der Führung göttlich-geistigen Welten und von deren Stellvertretern, den Priestern und Königen. Er hört auf, sich (nur) als demütiges Geschöpf zu betrachten, er will Eigeninitiative entfalten und selbst Schöpfer werden. In diesem Sinne könnte man die Geburtsstunde des Faustischen Menschen auch die Geburtsstunde des „Unternehmers" im allerweitesten Sinne nennen. Denn „Unternehmer" sind keineswegs nur die heutigen Wirtschaftskapitäne, sondern auch Naturforscher, Ärzte, Philosophen, Ingenieure, Entdecker, kurz alle Menschen, denen wir die Signatur unseres Zeitalters verdanken, – also auch die Maler der italienischen Frührenaissance als Entdecker der dreidimensionalen, perspektivischen Raumesweiten.

Dieses Zeitalter begann aber schon bei den Griechen, genauer in den griechischen Handelsstädten an den Küsten Kleinasiens, Siziliens, Unteritaliens. Das Philosophieren der Vorsokratiker (z.B. Thales, Heraklit, Anaximander, Anaxagoras, Zenon, Empedokles) im 6. und 5. vorchristlichen Jahrhundert war nur eine Teilmanifestation der Geburt des Ich-Menschen, der ebenso als weltweiter Kaufherr, wie als selbständiger Denker, wie als freier demokratischer Bürger, wie als tapferer Einzel-Kämpfer in Gegensatz zu den asiatisch-orientalischen Despotien trat, das europäische Abendland begründete und

dieses gegen die Übermacht des Perserreiches bei Marathon (490 v. Chr.) und Salamis (480 v. Chr.) verteidigte.
Zugleich mit der Entdeckung ihrer Selbst-Schöpferkraft und ihrer Emanzipation von der göttlich-geistigen Welt wurde den Griechen aber auch die Problematik des Ich-Menschen erstmals deutlich: die Hybris, der Frevel! Sie erlebten erstmals das Tragische menschlicher Existenz, das heißt, die Möglichkeiten des Konfliktes zwischen der menschlichen Willkür und den göttlichen Weltordnungen: Äschylos, Sophokles, Euripides brachten dies zum Ausdruck. Seither ist das „Tragische" eine wesentliche Begleitmelodie des Faustischen Abendlandes. Späte Manifestationsweisen dieses Tragischen sind heute z. B. die Konflikte zwischen steigender Industrialisierung und steigender Boden-, Wasser- und Luftverschmutzung. Dennoch ist niemals zu vergessen: Alles was wir Menschen vermögen, – auch unsere Abkehr von der göttlich-geistigen Welt, sowie der Mißbrauch unserer Freiheit – ist letztlich vom Gottes-Willen zugelassen.
Selbständiges Denken, Planen, Schaffen ist jedoch für menschliche Geistwesenheiten nur möglich, wenn sie sich im Erdbereich verkörpern und dem Irdisch-Materiellen sich zuwenden. Denn als reine Geistwesenheiten und in Geisteswelten lebend, (z.B. im vorgeburtlichen oder nachtodlichen Dasein), sind wir (schon im Vergleich zu Engeln und Erzengeln) gänzlich ohnmächtig, Nahezu-Nichtse. Das heißt: da ist alles Gehorsam und Führung, nichts Eigenwille und Freiheit. Je mehr daher der Mensch das Geistverlassene, Tote, also die sog. „Materie" (im Leben zwischen Geburt und Tod) ergreift, erforscht, gestaltet, desto mehr kann er sich als Selbst-Schöpfer manifestieren, – desto tiefer wird aber auch (zunächst) die Vergessenheit gegenüber seinem wahren Wesen und seiner wahren Heimat, also das was die Griechen Hybris nannten. Die Selbst-Schöpferkraft der Antike, also die Möglichkeit zu Geistvergessenheit und Hybris war aber noch minimal im Vergleich zu demjenigen, was dann in Europa mit der Renaissance anhob und schließlich ins technisch-industrielle Zeitalter einmündete. Im Tätigkeitsbereich eines Bauern ist nämlich noch (fast) alles „Natur", das heißt „Gottes-Gabe". In Montagehallen für Fernsehgeräte, Unterseeboote, Computer begeg-

nen wir jedoch nur mehr uns selbst, – freilich mit der Möglichkeit, daß in unser Tun Dämonen der Unterwelt mithineinwirken.

Sogar viele Stoffe, die wir heute gebrauchen, sind menschengemacht (synthetisch). Auch die meisten Metalle sind unsere Schöpfungen, weil weder Eisen noch Aluminium im Reinzustand sich finden, sondern aus chemischen Verbindungen (Erzen, Erden) in mühevoller Arbeit gewonnen werden müssen. Frage: Stören wir dadurch die „Heiligen Ordnungen" der Natur, oder hat die Natur auf diese „Nutzung" gewartet und waren alle Stoff- und Energieschätze unserer Erde bis hin zu Erdöl, Erdgas und Uranium von Anfang an mit Hinblick auf den Gipfel der Erdenevolution: den Menschen, entstanden?

Auch der Begriff des „Fortschrittes" ist ein Kennzeichen des Faustischen Zeitalters. Den alten Kulturen ist „Fortschritt" fremd. Sie blicken umgekehrt zurück ins „Goldene Zeitalter", das allmählich verfiel und über silberne und eherne Zeitalter in die Gegenwart mündete. Das Wahre und Große sei, so meinte man, bei den Ahnen, letztlich bei den Göttern, und alles weitere, von Menschen gemachte und Gewagte, sei nur Verfall. – Der Begriff des Fortschrittes war aber auch den ursprünglichen Wirtschafts- und Produktionsweisen weitgehend fremd: Wie man richtig Vieh züchtete, Getreide baute, Gartenland bewässerte, Brot buck, Wolle spann, Holz und Steine bearbeitete, – das stand seit Alters fest und konnte im wesentlichen nicht verbessert werden. Daher veränderten sich die Lebensverhältnisse über viele Jahrtausende kaum: Zur Zeit der alten Ägypter wie zur Zeit Goethes beleuchtete man seine Räume mit Öllampen oder Wachskerzen, ritt auf Pferden oder fuhr mit Pferdegespannen, schnitt das Getreide mit Sense oder Sichel und mußte das Wasser am Bach oder Brunnen holen. Ja der Lebensstandart der vornehmen Römer war in vielen Hinsichten höher als der zur Zeit Goethes.

Die Gründe für diese Stabilität des einstigen Lebensstandards liegen auf energetischem Gebiet: Sowohl die Muskelkräfte der Menschen als die seiner Haustiere sind begrenzt. Ein Schreiner kann pro Tag nur eine bestimmte Anzahl Bretter behobeln, ein Ochsenpaar pro Tag nur eine bestimmte Bodenfläche beackern. Erst mit dem Einsatz von Energiemaschinen („Erste industrielle Revolution") und hernach mit dem Einsatz von Rechen-, Denk- und Steuerungsmaschinen (Zweite industrielle Revolution) werden immer raschere Produktivitätssteigerungen möglich, die sich in den entsprechenden Steigerungen des Sozialproduktes und des Lebensstandards niederschlagen. Dies alles aber ist Ergebnis einer durch Mathematik, Physik und Chemie errungenen Herrschaft über das materielle Weltall.

Dieser „Fortschritt" ist so handgreiflich, daß er nicht nur die Sehnsucht nach dem Goldenen Zeitalter zum Schweigen bringt, sondern sogar den Glauben an eine göttlich-geistige Welt zum Aberglauben degradiert. Der Marxismus-Leninismus hat die diesbezüglichen, die sozialpolitischen Konsequenzen gezogen. Lenin schreibt: „Die Religion ist das Opium des Volkes, – dieser Ausspruch von Marx bildet den Eckpfeiler der ganzen Weltanschauung des Marxismus. Der Marxismus betrachtet alle heutigen Religionen und Kirchen, alle religiösen Organisationen stets als Organe der bürgerlichen Reaktion, die die Ausbeutung verteidigen und die Arbeiterklasse verdummen und vernebeln wollen. – Marxismus ist Materialismus. Als solcher steht er der Religion ebenso schonungslos feindlich gegenüber, wie der Materialismus der Enzyklopädisten des 18. Jahrhunderts oder der Materialismus Feuerbachs ... Wir müssen die Religion bekämpfen. Das ist das ABC des gesamten Materialismus und folglich auch des Marxismus" (Lenin: Über die Religion, ausgewählte Aufsätze, Dietz-Verlag, Berlin 1965). Nun, solche Äußerungen sind durchaus begreiflich, denn man muß die Religion, vor allem das Christentum, beseitigen, wenn man auf den Wegen des Marxismus-Materialismus die Herrschaft des Antichrist (in Goethes Faust im Gewande des Mephistopheles-Ahriman) befördern will. Auch Goethes „Hundertjähriger Faust" (obgleich er noch nicht „Marxist" sein konnte) denkt so, wenn er als herzloser Diktator über Arbeitermassen erscheint. Denn das Paradoxe am Marxismus-Leninismus ist ja, daß unter der Devise „Diktatur des Proletariates", umgekehrt der Arbeiter einer Partei-Diktatur unterworfen und auf der Stufe des Proletariers festgehalten wird, während er in freien Demokratien diesen Zustand überwinden und zur Stufe des mitverantwortlichen Bürgers sich erheben kann.

Das „Faustische Zeitalter" und „Faust" selbst sind also voller Widersprüche, weil das menschliche „Ich-bin", die sogenannte „Freiheit" voller Antinomien steckt. Diese Widersprüchlichkeit offenbarte sich schon bei der Erschließung der außereuropäischen Länder und Kontinente durch Portugiesen, Spanier, Engländer, Franzosen, Russen (Sibirien!). Einerseits sind z.B. Cortes, Pizarro, Cook, Stroganoff Männer von unvergleichlichem Wagemut, stets bereit, ihr Leben für die Größe ihres Landes und den Ruhm ihrer Fürsten einzusetzen, anderseits sind sie erfüllt von grausamer Macht- und Gewinnsucht gegenüber den Eingeborenen der eroberten Länder und Kontinente. Man sieht: Das strahlende Licht des erwachenden *Ego* ist sogleich vom dunklen Schatten des *„Egoismus"* begleitet, und beide kennzeichnen das „Faustische Zeitalter" bis heute.

Frage: Soll man deshalb (wie die Neomarxisten wollen) die unternehmerische Initiative des Ich beschneiden und dieses Ich in ein zentral gesteuertes Kollektiv auflösen? Oder soll man gar, wie Romantiker meinen, auf die moderne Technik verzichten?

Hören wir dazu eine Stimme aus dem fernsten Osten. Der japanische Arzt Shosheki Kaneko (Über Wesen und Ursprung des Menschen, deutsch im Verlag Mishime Kaibundo, Osaka, Japan, 1934, mit vielen kunstgeschichtl. Bildern) meint: Zum Unterschied vom Menschen des fernen Ostens, der sich mit seinem ganzen Wesen eingebettet im Kosmos wisse, habe der Europäer sich nicht nur aus dem Kosmos herausgelöst, sondern die Einheit des Seins in „Subjekt" und „Objekt" auseinandergerissen und dadurch die Welt zum beherrschbaren Ding degradiert. Hierbei sei ihm die einseitige Betonung seines Kopfes als Sitz der egozentrischen Intellektualität behilflich gewesen. Ausdruck dessen sei auch die Kunst: Während Osten immer den ganzen Menschen und zwar mit dem Schwerpunkt in der Körpermitte, etwa in der Nabelgegend, im „Tanden" (man denke an die meisten Buddhabildnisse) darstelle, sei seit den Griechen sowohl in plastischen als in malerischen Darstellungen nur der Kopf betont, ja der Kopf allein könne zum Ausdruck des ganzen Menschen werden. Dies ist denn wohl am stärksten am Beginn des Faustischen Zeitalters im engeren Sinne, also in der Frührenaissance geschehen: Da werden, fast die ganze Bildfläche füllend, allein die Häupter von Persönlichkeiten mit dem Hintergrund weiter Landschaften, Seen, Meere dargestellt, die zu sagen scheinen: Ich, der Ich-Mensch bin Entdecker, Erforscher und Herr über diesen ganzen Kosmos.

Freilich haben modernes Japan und China in Form von Technik und Industrie schon längst den Faustischen Menschen des Abendlandes erfolgreich nachzuahmen versucht. Die tiefere Geisteshaltung scheint jedoch hierdurch nicht verändert worden zu sein. Nach wie vor stehen die Ostasiaten anders als wir im Leben und sind deshalb für uns letztlich so schwer durchschaubar. Der Vorwurf Shoseki Kanekos: Der Europäer habe die Einheit des Seins in Subjekt und Objekt, in Ich und Nicht-Ich zerspalten, die Natur (ja schließlich sogar den Mitmenschen) zur manipulierbaren Sache degradiert, – dieser Vorwurf bleibt bestehen und zwingt uns zur Selbstbesinnung.

Diese ist inzwischen bei uns in vollem Gange und begann in gewisser Hinsicht schon bei Immanuel Kant. Dieser meinte, die „Natur" der exakten, mathematisch-mechanischen Naturwissenschaft sei nicht das wahre An-sich-sein, sondern bloße Erscheinung für das menschliche Ich. Neuerdings haben vor allem neomarxistische Soziologen (z.B. Jürgen Habermas: Technik und Wissenschaft als Ideologie, Frankfurt /M. 1968) den Ideologie-Charakter der modernen Naturwissenschaft betont. Was heißt das? Erst der Macht- und Herrschaftswille des neuzeitlichen Ichmenschen habe mittels Experiment, Messung, Berechnung den quantitativ-dinglichen Charakter der Wirklichkeit (also das Leblose) herausgearbeitet, alles andere aber (das Lebendige, Beseelte, Durchgeistigte, das noch die Griechen verehrten) vernachlässigt. Hieraus resultierten (meint man) nicht zuletzt die Unmenschlichkeiten des nur auf Herrschaft bedachten frühkapitalistischen und kolonial-imperialistischen Zeitalters: Ausgebeutete Kolonialvölker in Übersee, ausgebeutete Arbeiter im eigenen Lande und, nicht zuletzt, eine ausgebeutete Natur und Erde seien (sagt man) die notwendigen Folgen dieser Bewußtseinsform gewesen.

Die Verdinglichung der Natur durch die moderne Naturwissenschaft beklagt auch der geistige Vater der Studentenrevolten der 60-er

Jahre, Herbert Marcuse (Der eindimensionale Mensch, Neuwied 1967). Er möchte die Naturgebilde nicht als „Objekte", sondern als „Brüder" betrachten. Er wünscht sich ein „brüderliches" Verhältnis zur Natur, – ohne freilich angeben zu können, was er damit (außer romantischer Gefühlsschwärmerei) meint. Denn, daß in allen Naturgebilden ein Gottesgeist mittels seiner Diener am Werke und der Mensch selbst ein Gottes-Kind ist, – dies ist ihm als „aufgeklärten" Neomarxisten und Neofreudianer naturgemäß fremd.

Weniger aus innerer Selbstbesinnung und Selbstverwandlung, mehr jedoch unter dem Zwange der veränderten geschichtlichen Verhältnisse hat sich gegenwärtig das egoistisch-asoziale Verhalten des Faustischen Ichmenschen hin zum Sozialen verschoben. Unter dem Einfluß der Gewerkschaften haben die Industriearbeiter aufgehört Proletarier zu sein und sich zu selbstbewußten, gutdotierten Mitarbeitern und Wohlstandsbürger gewandelt. Im selben Sinne haben sich die Kolonialvölker befreit und eine selbstbewußte Wirtschafts- und Machtpolitik zu entwickeln begonnen. Aber nicht nur seitens der Realitäten, auch seitens der Bewertungen hat der Faustische Mensch Rückschläge hinnehmen müssen, sofern ihm nicht gar die Daseinsberechtigung überhaupt abgesprochen wird.

Wir meinen den Kampf, der heute gegen alles Unternehmerische, Selbständig-Persönliche zu Gunsten von Kollektiven, Verstaatlichungen, Vergewerkschaftungen, Sozialisierungen (oder wie man es zu nennen beliebt) geführt wird, darüber hinaus aber auch die Disqualifizierung, die sich heute Grundwerte des Faustischen Zeitalters wie: Arbeit, Leistung, Risiko gefallen lassen müssen. Ist der Faustische Mensch innerlich müde geworden? Hat er sein Selbstbewußtsein verloren? Geht das Faustische Zeitalter seinem Ende entgegen? Aber was ist das Neue, das sich da bemerkbar macht und inwiefern wird es das kommende Zeitalter bestimmen?

Blickt man nach den Diktaturen des Ostens, so ist heute (wenigstens der Absicht nach) die Ausschaltung des Ich-Menschen zu Gunsten des Kollektiv-Menschen in vollem Gange. Mit anderen, nämlich atheistisch-materialistischen Vorzeichen versucht man dort die altorientalischen Despotien zu erneuern, – freilich mit dem wesentlichen Unterschied: Die einstigen Despotien waren Theokratien, denn die eigentlichen Herrschaftsträger, die das Denken und Tun der Menschen lenkten, waren Gottheiten. Das bekannteste Beispiel hierfür ist das alte Israel. Aber auch in Ägypten, Iran, Babylonien, Sumerien war es ähnlich. Heute jedoch sind die menschlichen Machthaber nicht Gottheits-Vertreter, sondern Vertreter von Dämonen, die aus dem Irdisch-Unterirdischen der Geistverleugnung emporsteigen.

Dieser Rückfall zum Kollektiven ist jedoch nicht erstaunlich, wenn wir bedenken, welche Geistesmühe es kostete, um die Menschen einst zu ihrem personhaften Eigendenken und Eigenverantworten zu erwecken und die alten Kollektive zu überwinden. Der heutige Rückfall ins Kollektive entspricht durchaus der menschlichen Trägheit, die sich letztlich den „Verwalteten Menschen" wünscht. Der kollektive Mensch entspricht aber auch dem modernen Weltbild. Dieses vermag den Menschen nur als „Gattungswesen" zu begreifen, welches einerseits von den biologischen Erbfaktoren (Nationalsozialismus), anderseits von den sozialen Gesellschaftsfaktoren (Kommunismus) bestimmt wird, – wie man bei Karl Marx nachlesen kann. Wenn dem so ist, so ergibt sich die Praxis moderner östlicher Diktaturen von selbst.

Am besten funktioniert dies wohl in China, weil dort seit alters nicht der Ich-, sondern der Kollektiv-Mensch lebte und Maos Tat lediglich darin bestand, die egoistischen Kleinkollektive der chinesischen Familien in das ich-lose Großkollektiv des ganzen Volkes mit einer einzigen Vaterfigur zu verwandeln. Dass hierzu freilich immer neue sog. „Kulturrevolutionen" nötig sind, beweist, daß doch auch in China der Einzelmensch sich heute zu regen beginnt und Anspruch auf Eigensein, Eigendenken und Eigenbesitz erhebt. Noch viel stärker ist diese Gegenbewegung naturgemäß in Rußland, weil dieses doch auf eine christliche Vergangenheit zurückblicken kann, also die Vergewaltigung des einzelnen, gotteskindschaftlichen, mit einer unsterblichen Seele begabten Ich-Menschen noch stärker (als der Chinese) erleben muß. Man denke an die Schriften Solschenizyns, Pasternaks, Sacharoffs! Freilich sind die russischen Machthaber heute

schon aus Gründen wirtschaftlicher Effizienz gezwungen, dem Denken und Verantworten des Einzelmenschen mehr Raum zu geben und die Zentralplanungen der Partei etwas zu lockern.
Nun aber wir Menschen im Westen! Wir erstreben in tragischer, ideologischer Verblendung eben die gesellschaftlichen Zustände, aus denen sich die Menschen im Osten zu befreien suchen! Wir betreiben Klassenkampf-Ideologie und versuchen nicht nur „Kapital und Arbeit", „Unternehmer und Angestellte", sondern auch „Kinder und Eltern", „Schüler und Lehrer", „Studenten und Professoren", „Patienten und Ärzte" als Interessen-Gegensätze zu betrachten, zwischen ihnen Mißtrauen zu säen und sie einander zu entfremden. Kurz: alle privaten und persönlichen Menschenbeziehungen sollen disqualifiziert und zerstört werden, damit sich schließlich der „Staat" oder die „Gesellschaft" (oder wie man es nennen will) in Wahrheit aber die Funktionärsschicht der marxistisch-leninistischen Partei als Retter aus allen Nöten darbieten, und die Macht in einem Staate ergreifen können, dessen Bürger nur mehr Befehlsempfänger darstellen. Dieser Prozeß beginnt heute mit der Beseitigung selbständiger Ärzte, Professoren, Unternehmer.
Der Ruf nach „Staat", „Vergesellschaftung", „Planung", „Verbeamtung", mit dem Ideal des Ameisen- oder Termitenstaates, ist durchaus verständlich, wenn man die Unvollkommenheiten des Ich-Menschen bedenkt und überall erlebt. Dann kann man nämlich (wie man meint) im Interesse der „Menschlichkeit" versucht sein, den Menschen (also das personhafte Ich) zu beseitigen, um den Gefahren des damit verbundenen Egoismus zu begegnen. Die Erfahrung mit solchen sozialistischen Experimenten zeigt freilich alsbald, daß sie nicht gelingen und auch gar nicht gelingen können. Denn das personhafte, zum Eigendenken und Eigenverantworten befähigte „Ich" wurzelt im Gottes-Willen. Es kann wohl vorübergehend eingeschüchtert und verdrängt, aber nicht vernichtet werden. Im Gegenteil: umso stärker der Druck des Kollektivs ist und je länger er dauert, desto radikaler werden sich die Iche dagegen auflehnen (man denke an Solschenizyn!) zumal im Vergleich zu vergangenen Geschichtsepochen heute durchaus das Zeitalter der Individualität

angebrochen ist. Mißachtet man dies, so müssen auf die Revolutionen zur Kollektivisierung und Entichung alsbald Revolutionen dagegen stattfinden, die ebenso chaotisch und blutig wie jene sein könnten.

Bis wir begreifen: Um unser „Ich" können wir uns nicht herumdrükken, trotz aller Versuchungen zum „Egoismus", die mit diesem Ich zunächst verbunden sind. Denn dieses personhafte Geistwesen, „Ich" genannt, ist keineswegs (wie Karl Marx meinte) das bloße Produkt bürgerlich-philosophischer Ideologien. Es ist vielmehr eine unzerstörbare, gottgeschaffene Wirklichkeit, die durch Geburten und Tode hindurchgeht und so im Laufe vieler Inkarnationen und Reinkarnationen heute zu beträchtlichen Graden von „Mündigkeit" herangereift ist. Diese auf allen Wegen zu fördern sollte Ziel aller pädagogischen, sozialen, wirtschaftlichen und staatlichen Maßnahmen sein.

Wir müssen das Risiko der Freiheit auf uns nehmen! Mit der bequemen Hoffnung auf den Ameisenstaat ist es nichts. Aber freilich: dieses „Faustische Ich" wird dreierlei lernen müssen, was es zunächst (um sich aus alten Bindungen zu befreien) verlernen mußte:

1.) Die *Natur* ist keine tote Materie. Sie ist vielmehr der reichgestaltete Leib hoher geistiger Wesen. Minerale, Pflanzen, Tiere sind nicht nur Objekte, sondern unsere, in verschiedenen Graden belebte und beseelte Brüder, die uns gerne dienen, wenn wir sie richtig bewerten. Industrie und Technik sind an sich nicht böse, es kommt nur auf die Gesinnung an, in der wir sie betreiben. Wir sind die Herrn der Erde – aber Herr sein bedeutet hohe Verpflichtung.

2.) Der *Mitmensch* ist in besonderem Grade unser Bruder, weil wir nicht über ihn herrschen sollen, sondern zwischen uns Kooperation zu erstreben ist. Statt Interessengegensätze bestehen zwischen Kapital und Arbeit, Kindern und Eltern, Schülern und Lehrern, Studenten und Professoren, Patienten und Ärzte *gemeinsame Anliegen:* wirtschaftliche Produktion, Erziehung und Unterricht, Gesundheitsfürsorge und Heilung. Kein Teil ist für sich selbst, jeder ist für den

andern und alle sind für eine *Gemeinschaft* da, *die um so besser gedeit, je mehr die verantwortliche Freiheit des Einzel-Ich zur Geltung kommt. Irgendwie hat hier jeder, seiner Stellung gemäß, sowohl zu führen als zu dienen,* – und, vor allem, sich selbst zu beherrschen und zu kontrollieren.
Das schließt jedoch Rangunterschiede zwischen den Menschen keineswegs aus. Denn die Menschen sind eben keineswegs „gleich", sondern nach Initiative, Einsatzbereitschaft, Intelligenz, Willens- und Schöpferkraft außerordentlich verschieden. Man darf doch nicht vergessen, daß die großen Fortschritte auf den medizinischen, technischen und wirtschaftlichen Gebieten ganz Wenigen verdankt werden, weil eben nicht die Muskelkraft der einfachen Arbeiter, sondern die Gedankenkraft einer geistigen Oberschicht das wahre Kapital und den wahren Produktionsfaktor darstellt. (vgl. Eugen Löbl: Geistige Arbeit – die wahre Quelle des Reichtums, Düsseldorf 1967).
Die Schöpferkraft dieser geistigen Eliten ist den Neomarxisten ein Dorn im Auge. Sie möchten, vom Neidfaktor angestachelt, sich selbst an die Stelle jener Eliten hinaufkatapultieren und den reinen Machtfaktor an die Stelle echter Führung durch Wissen und Weisheit setzen. Es gibt freilich (das wird zumeist vergessen, obgleich uns die jüngste Geschichte hierfür Beispiele liefert) eine zweifache Genialität: eine Genialität des menschenfreundlichen Schaffens und eine Genialität des menschfeindlichen Versklavens.

3.) Kennzeichnend für den Faustischen Genius ist nun aber zunächst *die relative Seltenheit seines Erscheinens.*
Zwar beginnt heute das personhafte Ich in allen Menschen zu erwachen und sich seiner Rechte und Pflichten bewußt zu werden, dennoch sind die eigentlichen initiativ-schöpferischen Begabungen seit den Zeiten der Griechen und der Renaissance relativ dünn gestreut. Auch Goethes Faust ist ein solcher Elitemensch, der sich aus der Trägheit der Vielen heraushebt, und ein Zeitalter repräsentiert, in welchem die Vielen von den wenigen Einen zunächst mitgeformt und mitgerissen werden. Weder biologische Vererbungslehre noch soziologische Milieulehre vermögen jedoch das Erscheinen eines

Genius zu erklären. Denn auch unter den ungünstigen sozialen Bedingungen setzt er sich durch und ein noch so genialer Vater darf keineswegs auf einen bedeutenden Sohn rechnen, so wie er selber zumeist keinen mit ihm vergleichbaren Vater besaß. Wohl aber scheint es Rassen, Völker, Familien zu geben, in denen sich geniale Persönlichkeiten häufen. Man braucht sich nur daran zu erinnern, daß die Grundlagen der gesamten modernen Medizin, Naturwissenschaft, Technik und Industrie innerhalb des kleinen Europa und auch da wieder gehäuft in bestimmten Ländern und Völkern gelegt wurden.

Dennoch dürfte man nicht meinen, daß diese Länder, Völker, Familien den Genius zeugten oder hervorbrachten. Schon gewöhnliche Kinder werden von ihren Eltern nicht eigentlich gezeugt oder hervorgebracht. Denn jeder, auch der unbedeutendste Mensch, ja selbst der Idiot besitzt ein geistiges Wesenszentrum, ein Ich, dessen Erzeuger einzig eine hohe Gottheit ist, während die Eltern durch den befruchteten Eikeim lediglich die biologischen und sozialen Voraussetzungen schaffen, damit dieses Geistwesen sich im Erdbereich verwirklichen kann. Nur im eingeschränkten Sinne ist unser im amtlichen Geburtsschein verzeichneter Vater (bzw. Mutter) unser Erzeuger und nur im eingeschränkten Sinne bilden demnach biologische Vererbung bzw. soziales Milieu die Ursachen unserer Fähigkeiten und Eigenschaften. Dies wird um so deutlicher, je größere Persönlichkeiten man betrachtet. Daher galten große Genies immer als geheimnisvolle Geschenke einer höheren Welt und nicht als Verdienste ihrer biologischen Erzeuger. (vgl. dazu O. J. Hartmann, Der Mensch als Selbstgestalter seines Schicksals, Lebenslauf und Wiederverkörperung, 9. Aufl. Klostermann-Verlag, und Geheimnisse der Menschenbegegnungen, 6. Aufl. Schilling-Verlag, Feldkirchen vor München).

Will man nun nicht annehmen, die Gottheit habe von Anfang an Menschen-Ichs von so sehr verschiedener Bedeutung und Schaffenskraft erzeugt, so wird man diese Verschiedenheiten als die Folgen vergangener Erdenleben betrachten müssen. In diesem Sinne waren sich sowohl Goethe als Richard Wagner durchaus klar, daß sie ihre

Beziehungen zu bestimmten alten Kulturbereichen, sowie die Probleminhalte ihrer Dichtungen aus früheren Erdenleben sich herübergebracht hatten. In Goethes Faust ist allerdings hiervon nicht die Rede – schade, denn wir möchten doch gerne von Goethe wissen, aus welchen früheren Erdenleben sich dieser „Faust" seine Problematik mitbrachte und wie seine künftigen Erdenleben auf Grund der Belastungen mit der Gretchen-Tragödie sowie auf Grund der Belastungen mit den Taten seines herrisch-diktatorischen Alters sein würden. Wird er auch in künftigen Erdenleben ein alles Jenseitige verleugnender Zweifler oder ein geistig-hellsichtiger Wissender sein? Diese Frage gilt für uns alle, insofern in uns allen heute das Faustische Streben aber auch der Faustische Zweifel und Egoismus eines materialistischen Zeitalters wirksam sind. Jedenfalls wird der Faustische Mensch die in seinem „Ich" liegende Gefahren zu Egoismus und Herrschsucht nur überwinden, wenn er sein Bewußtsein im Sinne der drei vorgenannten Gesichtspunkte ausweitet. Vielleicht wird man dann aber nicht mehr vom Faustischen Zeitalter mit dem Schwerpunkte in der Technik, sondern von einem Zeitalter neuen Mysterienwissens, mit ganz anderen Schwerpunkten, sprechen.

Mit einer Beseitigung der „Bürgerlichen Gesellschaft", mit der Errichtung einer „Herrschaft des Proletariates", mit der „Überwindung des Kapitalismus", mit dem „Ende des Industriellen Zeitalters" (wie es rückständige Neomarxisten erhoffen) hat das nichts zu tun. Im Gegenteil: „Bürger" war in früheren Zeiten ein auszeichnender Titel, denn er bezeichnete einen Menschen, der sich für das Gedeihen einer Sozietät verantwortlich einsetzte. Der „Bürger" wurde erst dadurch im 19. Jahrhundert zum „Burgeois", daß er sich in der frühindustriellen Zeit, und berauscht von den finanziellen Möglichkeiten, seiner Verantwortung gegenüber den zu „Proletariern" gewordenen früheren Bauern und Handwerkern nicht bewußt war. Der einstige „Proletarier" ist heute längst anspruchsvoller Mitarbeiter, also „Bürger" geworden und wird das umsomehr sein, je mehr er innerhalb der Betriebe sachliche und sittliche Verantwortung übernimmt. „Kapital" aber ist die Gesamtheit der Maschinen, Einrichtungen und Organisationen, die hochproduktive, gutbezahlte

Arbeit überhaupt erst möglich machen. Dieses „Kapital" ist der materialisierte Geist der Forscher, Erfinder, Unternehmer, der noch weitere Steigerungen des Industriellen Zeitalters herbeiführen könnte, wenn eine wichtige Komponente hinzukäme.

Das Fehlen dieser Komponente hat die früheren, oft kulturell sehr hochstehenden Kolonialvölker (z.B. Asien) so sehr erstaunt und erbittert: Die technische Allmacht der Europäer in Verbindung mit brutalen, hochfahrenden, barbarischen Verhaltensweisen. Denn der Faustische Mensch vergaß über seinem auswärtsgewandten Streben nach Welt-Erkenntnis und Welt-Eroberung die Einkehr in sich selbst mit dem Ziele seelischer Entwicklung und sittlicher Leuterung. Gewissensschulung und Charaktererziehung hat er nunmehr nachzuholen. Was damit gemeint ist kann wohl am besten, durch Gesichtspunkte verdeutlicht werden, die der Philosoph und Soziologe Max Scheler (gest. 1928) in seinem Werk: „Die Wissensformen und die Gesellschaft" (Neuaufl.) herausgearbeitet hat. Scheler unterscheidet drei Wissensformen: Arbeits-, Bildungs-, Erlösungs-Wissen. Nun ist klar: der Faustische Mensch, wie er uns seit der Renaissance und besonders seit dem Ende des 19. Jahrhunderts entgegentritt, läßt nur das Arbeitswissen gelten, das in Form von Physik, Chemie, Technik die Herrschaft über Natur und Mitmensch ermöglicht. Das Bildungswissen (das sich nach Innen wendet und die Charaktereigenschaften veredelt) hat er ebenso wie das Erlösungswissen (das sich auf die Beziehungen des Menschen zur geistigen Welt, zum vorgeburtlichen und nachtodlichen Dasein bezieht) vergessen.

Davon ist auch bei Marx und den Neomarxisten nicht die Rede, weil auch sie nur nach „außen" blicken, den Menschen als bloßes „Ensemble der gesellschaftlichen Verhältnisse" (Marx) betrachten und als echte „Aufklärer" alles „Jenseitige" verspotten.

In gewisser Hinsicht „einseitig" war freilich auch Goethe und sein Zeitalter, weil es vorwiegend das Bildungs-Wissen („Humanismus") pflegte, den Ausblick auf die kosmisch-geistigen Welten nur am Rande gelten ließ und von dem Arbeits-Wissen der heraufkommenden Technik angstvoll zurückzuckte. Bekanntlich wollte Goethe weder von Mikroskopen noch von Fernrohren etwas wissen und lehnte sogar das Tragen von Brillen ab. Begreiflich – denn Goethe ahnte die Bedrohung des Mensch-seins durch die heraufkommende Industriegesellschaft. Er ahnte darin das Wirken des Unter-Naturhaften und Unter-Menschlichen. Aber er vergaß, daß der Mensch erst durch das Arbeits-Wissen ganz zur Erde herabsteigt und erst in der Konfrontation mit den Kräften des Materiellen die volle Leuchtkraft seines Ich-bin und den neuen Aufstieg in kosmisch-geistige Welten erkämpfen kann. Den Mut, der Goethe noch fehlte, – ihn müssen wir heute zu entwickeln streben. Dennoch bleibt bedeutsam was Goethe („Wilhelm Meisters Lehrjahre") über die Aufgaben des Mensch-seins zu sagen weiß:

„Des Menschen größtes Verdienst bleibt wohl, wenn er die Umstände so viel als möglich bestimmt und sich so wenig als möglich von ihnen bestimmen läßt. Das ganze Weltwesen liegt vor uns, wie ein großer Steinbruch vor dem Baumeister. Alles außer uns ist nur Element, ja ich darf wohl sagen, auch alles in uns; aber tief in uns liegt diese schöpferische Kraft, die das zu schaffen vermag, was sein soll und uns nicht ruhen und rasten läßt bis wir es außer uns oder an und, auf die eine oder andere Weise dargestellt haben". (dazu O. J. Hartmann: Vom Sinn des Weltenwerdens, Frankfurt/M. 1971).

Noch großartiger drückt dieses Anliegen der Renaissancephilosoph Pico della Mirandola aus, wenn er die Vatergottheit also zum Menschen sprechen läßt: „Mitten in die Welt habe ich dich gestellt, damit du umso leichter um dich schauest und sehest was drinnen ist. Ich schuf dich als ein Wesen weder himmlisch noch irdisch, weder unsterblich noch sterblich allein, damit du dein eigener freier Bildner und Überwinder seiest. Du kannst zum Tier entarten oder zum göttlichen Wesen dich wiedergebären. Die Tiere bringen aus dem Mutterleib mit, was sie haben sollen. Die höheren Geister sind von Anfang an, was sie in Ewigkeit bleiben werden. Du allein hast Keime eines weltweiten Lebens in dir."

Bücher von Univers. Prof. Dr. Otto Jul. Hartmann

Verlag Vittorio Klostermann, Frankfurt am Main.
Vom Sinn der Weltentwickelung. Sein und Wissen, 198 Seiten
Der Mensch als Selbstgestalter seines Schicksals. Lebenslauf und Wiederverkörperung, 10. Aufl., 277 Seiten
Der Mensch im Abgrund seiner Freiheit. Prolegomena zu einer Philos. der christl. Existenz, 4. Aufl., 205 Seiten
Medizinisch-pastorale Psychologie. Eine Wissenschaft von den Ausnahmezuständen des Seelenlebens, 271 Seiten, 8 Abb.
Menschenkunde. Die Physiognomik der Lebenserscheinungen als Grundlage einer erweiterten Medizin, 2. Aufl., 338 Seiten, 129 Abb.
Dynamische Morphologie. Embryonalentwickelung und Konstitutionslehre als Grundlagen prakt. Medizin, 2. Aufl., 610 Seiten, 113 Abb.
Erde und Kosmos im Leben der Naturreiche, Jahreszeiten und Elemente. Eine kosmologische Biologie, 3. Aufl., 397 Seiten, 47 Abb. *(vergr.)*
Wir und die Toten, 2. Aufl., 264 Seiten *(vergr.)*

Im Novalis-Verlag, Schaffhausen, Schweiz
Die Gestaltstufen der Naturreiche. Von den Richtungen und den Zielen des Weltenwerdens im Spannungsfeld von Raum und Zeit, 2. Aufl., 160 Seiten mit Abb.
Der Kampf um den Menschen in Natur, Mythos, Geschichte, 2. Aufl., 232 Seiten mit Abb.
Menschheit auf dem Wege, 104 Seiten mit 24 Abb.
Wege und Irrwege des Menschseins. Orientierungshilfen für eine Welt von morgen, 168 Seiten mit Abb.

Wer bin ich? Das wahre Wesen und die Aufgaben unseres Menschseins, 272 Seiten mit Abb.
Schicksal, Krankheit und Heilung. Die tieferen Ursachen unserer Krankheiten und vom Wesen der wahren Heilung, 2. Aufl., 232 Seiten
Zivilisationsschäden machen uns krank, 110 Seiten
Die Geisterwelt ist nicht verschlossen. Tatsachen und Probleme der Parapsychologie, 269 Seiten

Vom Leben, Leiden und Sterben. Eine nachdenkliche Biologie 1980, mit vielen Abb.
Verlag Karl Schilling, Feldkirchen vor München
Geheimnisse der Menschenbegegnungen und sozialen Schicksale, 6. Aufl., 96 Seiten

Verlag Die Kommenden, Freiburg Br.
Antworten auf aktuelle Lebensfragen, 24 Hefte
Erkenntnishilfen für aktuelle Lebensfragen, 24 Hefte
Lieferungswerke über Geschichte der Philosophie, Psychologie, Soziologische Probleme (Prospekte!)